国家自然科学基金面上项目"数字创意产品多业态联动开发机理及模式研究(71874142)"资助

数字创意产品用户迁移机制研究

项 勇 曹武文 廖郭宇奇 周 苏 著

科学出版社

北 京

内 容 简 介

本书主要对数字创意产业中创意产品用户迁移的影响因素及产品扩散进行研究。首先，对数字创意产业的提出及发展背景进行论述，并剖析我国数字创意产业的发展背景及现状；其次，阐述国内外数字创意产业及消费者用户迁移研究现状，在数字创意产品扩散及用户迁移相关理论研究的基础上，从消费者的角度对数字创意产品需求类型进行实证分析；再次，选择数字创意产品中的社交媒体产品（微信和微博）作为研究对象，分析用户迁移影响因素；最后，在对数字创意产品的扩散研究方面以 VR 和智能电视为实例进行研究，并提出数字创意产业用户迁移及产品扩散的发展趋势及建议。

本书适合从事数字创意产品、数字创意产业、文化创意产业方向的研究人员和学者，从事数字创意产品市场研发的相关企业管理人员，从事数字创意产业中市场及消费者分析的相关政府职能部门工作人员阅读。

图书在版编目（CIP）数据

数字创意产品用户迁移机制研究 / 项勇等著. — 北京：科学出版社，2020.6
  ISBN 978-7-03-065435-9

Ⅰ.①数… Ⅱ.①项… Ⅲ.①数字技术–应用–文化产业–产品营销–研究 Ⅳ.①G114–39

中国版本图书馆CIP数据核字（2020）第 099061 号

责任编辑：张　展　于　楠 / 责任校对：彭　映
责任印制：罗　科 / 封面设计：墨创文化

科 学 出 版 社 出版

北京东黄城根北街16号
邮政编码：100717
http://www.sciencep.com

成都锦瑞印刷有限责任公司 印刷
科学出版社发行　各地新华书店经销
*

2020 年 6 月第 一 版　　开本：787×1092 1/16
2020 年 6 月第一次印刷　　印张：10 1/4
字数：240 000
定价：98.00 元
（如有印装质量问题，我社负责调换）

前　言

2016 年 3 月，李克强总理在《政府工作报告》中首次提出了数字创意产业的概念，并指出要"大力发展数字创意产业"，我国的"十三五"规划纲要中再次强调"支持数字创意产业发展壮大"，并将其作为支持战略性新兴产业发展的重要任务之一。2016 年 11 月，数字创意产业被纳入《"十三五"国家战略性新兴产业发展规划》，与新一代信息技术、生物、高端制造、绿色低碳产业一起，并列成为五大战略性新兴产业之一。我国已经制定的《战略性新兴产业分类(2018)》，对数字创意产业进行产业细分，并对数字创意产品进行分类，通过对产业和产品进行细化，将有助于整体推动我国数字创意产业的发展。

经过国家各项政策推动和市场经济刺激，我国的数字创意产业发展形成了多元化、多方位、多领域的发展格局，以数字创意技术装备和创新设计为基础支撑，形成了产业的主要发展导向，即文化创意、内容创作和版权利用，并且带动了影视传媒、动漫游戏、休闲旅游、游乐园、玩偶服饰等关联性产业的发展。

目前关于数字创意产品的研究大多集中于产品特性和内涵、衍生品、IP 运营等方面，关于数字创意产品扩散、产品平台间消费者选择行为的研究相对较少。数字创意产品的价值增值过程多与消费者的网络及选择行为相关，随着多元化数字创意产品的涌现，将原产品的消费群体有效地迁移到替代产品的目标消费群体中，是实现数字创意产品发展增值的关键。

基于国内外数字创意产业发展的实际情况，本书基于消费者需求理论、用户迁移影响因素理论，选择具有代表性的数字创意产品，对用户迁移影响因素及产品扩散进行研究。首先，对数字创意产业的提出及发展背景进行论述，并在此基础上剖析我国数字创意产业的发展背景及现状；其次，阐述国内外数字创意产业及用户迁移研究现状，在数字创意产品扩散及用户迁移相关理论研究的基础上，从消费者的角度对数字创意产品需求类型进行实证分析；再次，选择数字创意产品中的社交媒体产品(微信与微博)作为研究对象，针对用户迁移影响因素进行研究，分析用户由微信向微博迁移意愿中的影响因素；最后，选择VR 和智能电视的销售量进行数字创意产品的扩散研究，并得出 VR 和智能电视在未来几年的预测销售量。其研究结果如下：

首先，通过调查消费者对数字创意产品的需求进行了分析。利用问卷法和访谈法，确定消费者对动漫产品需求的 18 个影响因素并进行信度和效度检验，效度检验表明问卷的信度水平较高。运用因子分析法将 18 个影响因素归结为社会性需求、文化情感需求、品牌需求及品质需求 4 类。

其次，在对数字创意产品用户迁移的影响因素进行研究的基础上，以微信用户向微博迁移为例，分析了用户跨平台迁移行为的存在性，并作出迁移路径的假设，梳理了国内外学者对 PPM(push-pull-mooring)理论框架中推动因素、拉动因素及锚定因素的研究，并对微信用户向微博迁移的影响因素进行相关合理性分析。将 PPM 模型运用于微信用户向微博迁移的影响因素分析，对影响因素进行筛选，构建影响因素评价指标体系，用层次分析（analytic hierarchy process，AHP）方法分析用户迁移的影响因素的权重，并得出推动因素、拉动因素、锚定因素对微信用户向微博迁移的重要程度。

最后，在数字创意产品扩散研究方面，以 VR 和智能电视为例，通过 MATLAB 编程软件，将 VR 设备的真实销量数据和模型预测数据进行曲线拟合，验证了 Bass 模型运用到该领域的优越性。利用 Bass 模型预测了我国 VR 设备各年的销量。在传统 Bass 模型的基础上，提出了 Norton-Bass 扩散模型，并通过 MATLAB 编程软件，将普通液晶电视销量和智能电视销量分别与 Norton-Bass 扩散模型预测的数据进行曲线拟合。利用该模型预测普通液晶电视销量和智能电视销量，证明了模型预测值与该产品的实际销售量相接近。

本书对数字创意产业及其产品扩散、迁移进行了全方位的研究和探讨，能够为研究者和决策者进一步认识数字创意产业提供有价值的思考路径，具有较大的社会价值、经济价值和现实价值。本书在考虑多代扩散模型的基础上，构建了相同产品代际最大市场潜量转移率，并考虑市场潜量是随时间变化的，在动态变化的市场潜量和扩散率的基础上，构建新的多代扩散模型，考虑到模型的复杂性，对模型加以修正和赋值，并分别用 MATLAB 进行运算，得到相应的扩散趋势，能够丰富现有的关于该主题的研究内容。通过对数字创意产业的用户迁移及产品扩散进行研究，能够为数字创意产业行情及其产品扩散迁移规律研究提供新的思路，有利于促进多主体参与到数字创意产业的发展建设中。

本书受到国家自然科学基金面上项目"数字创意产品多业态联动开发机理及模式研究（71874142）"的资助，在编写过程中由西华大学土木建筑与环境学院的项勇提出选题并进行全书框架构建、理论模型构建、实证数据分析处理；由西华大学土木建筑与环境学院的周苏、廖郭宇奇、曹武文进行文献资料收集、问卷设计、市场调查、统计数据收集与分类整理等工作。本书在编写过程中，得到了西华大学文学与新闻传播学院陈睿老师的大力支持，吸取了许多有价值的建议。在编写过程中，汲取了部分学者的研究成果和观点，使本书的内容得到了丰富和完善。在此对以上专家、学者表示衷心的感谢。

著者

2020 年 3 月

目　　录

第一章　数字创意产业及国外的发展背景

第一节　对数字创意产业和数字创意产品的理解

一、数字创意产业的概念及特征

（一）数字创意产业的概念

从社会视角来看，数字创意产业是当今社会发展进程中的一类特殊经济形态，它主要提供精神产品，存在于社会生活的各个方面。在大数据发展背景下，数据信息不断引领文化产业与现代数字化技术的深度融合，同时也给文化产业、数字产业带来了诸多新的经济价值。从数字创意产业所涵盖的广泛领域而言，它包含了诸多内容，如近年来的文化和创意产业。按照字面的理解，将数字创意产业理解为文化创意产业与现代化技术、数字化信息技术结合而形成的新产业[1]。然而，合并现代化数字技术与文化创意产业将其定义为数字创意产业不能充分地反映其内涵。国内外对数字创意产业的定义并不统一，对于数字创意产业的理解和侧重点有所差异。这是由于各个国家遵循自身的经济、社会、文化背景和发展背景，以及创意产业演变历程的不同造成的。关于数字创意产业相关的理解举例如下。

1. 英国的文化创意产业

文化创意产业的发源地是英国，文化创意产业的概念相当于创意产业，目前创意产业在东亚及欧盟等地区的热度基本来源于此[2]。文化创意产业在英国具有较长的历史，英国政府于 1991 年开始关注文化创意产业的发展，并于 1997 年成立了文化创意产业专组[3]。在 1998 年，英国文化创意产业专组通过《创意产业路径文件》，首次以官方的立场对创意产业的概念进行了定义，并对创意产业进行分类，将创意产业定义为在知识产权的保护下，将个人的创造力、技能及才华转化为创造财富和促进就业潜力的一种产业[4]。此概念强调了创意产业的主要特征，即个人创造力与才华的重要性，以及它能否带来价值并且创造财富，从而开创了创意产业的新局面，使得创意及其相关产品能够成为产业进行发展。

2. 美国的版权产业

与英国的文化创意产业相比，美国的数字文化产业存在着较大的差异性，依托知识产权在美国的重要地位，美国将与文化产业有关联的相关产业都称为版权产业，通过版权管理来反映文化产业的特点，其产业的主要组成部分体现在文化、创意、数字内容等方面。从概念上来看，版权产业主要是指与享有版权的作品有关的个人和行业及其所从事的生产经营活动[4]。近年来，美国的版权产业发展迅速，已经非常成熟，其版权产业主要包括 3 个部分：①核心版权产业，即创造作品，并且依法享有作品的版权，以及将这些作品形成产品的产业，这一类产业包括了文学创作、电影制作、照片拍摄、软件版权、数据库和广告服务等；②彼此依附的版权产业，即向商店和消费者发行著作权物品，包括生产电视、视频、电子游戏设备和其他相关设备，或者使用这些设备的制造和批发零售企业；③部分版权产业，指在产品中，只有一部分采用涉及版权的材料或标志，如印有米老鼠、唐老鸭等迪士尼主题公园图案的服装、玩偶、工艺品[5]。其中，核心版权产业是美国版权产业的主体部分，充分体现了版权在美国创意产业、文化产业及数字内容产业中的重要程度。

3. 日本和韩国的数字内容产业

日本的数字创意产业采用了更为广泛的概念——数字内容产业。2006 年，日本经济产业省在《新经济成长战略》中对"内容产业"的解读如下：对文字、影像、音乐、游戏等信息素材进行加工，通过媒体传播，将内容传播给用户，包括可以即时接收、瞬时消费的信息和时隔几百年依然拥有大批读者的文学作品[6]。从概念上看，日本的数字内容产业强调的是数字产品生产出来后，产品的价值需要通过媒介进行传播、用户进行消费并使用来赋予，从而形成具有实际意义和内容的产业。因此日本的数字内容产业是指在传统内容产业的基础上发展起来的以数字形式记录内容的产业。进入 21 世纪以来，随着数字化、网络化技术的发展应用，日本内容产业与数字化技术相结合，逐渐发展成为数字内容产业，并逐步成为主流产业。日本数字内容协会将数字内容产业划分为音乐、影像、游戏和信息出版 4 个领域，并将其数字化产品结合新媒体，构成了日本数字内容产业的主体部分，使日本数字内容产业的概念得以确定和延伸。

20 世纪 90 年代的金融危机重挫了韩国经济，使韩国对文化产业的作用开始重视，把文化产业作为一种新的机遇进行发展。随着科技的发展，数字创意产业开始成为韩国文化产业的重要组成部分，并采用了数字内容产业的概念，虽然此概念的名称与日本的一致，但是其定义和内涵却有本质上的差异。在《韩国 2003 年信息化白皮书》中，数字内容产业被定义为"利用电影、游戏、动漫、唱片、卡通、广播和电视等视像媒体或数字媒体等新媒体，进行存储、流通并且享有文化艺术内容的总称"。韩国的数字内容产业所包含的领域非常广泛，包括电子游戏、数字动漫、数字学习、数字内容软件、数字影音、移动增值服务和网络服务、电子出版等领域，从其概念中可以看出韩国数字内容产业强调的是通过新媒体的方式来流通数字化的文化艺术内容，注重的是传统文化和现代文化在数字化之后所带来的价值，韩国数字内容产业所包含的内容和范畴要大于日本对数字内容产业的定义。

4. 本书对我国数字创意产业的定义

我国的数字创意产业是在 2016 年首次被官方提出，被列为国家大力发展的战略性新兴产业，随着近年来的发展，数字创意产业逐渐体现出了其本质内涵。

结合我国数字创意产业的发展状况及国内外对数字创意产业概念的界定，本书对我国数字创意产业的定义如下：以文化内容为基础，以创意和知识为核心，以高新技术为支撑，在知识产权的保护下，不断进行文化创意产品及服务的创造、制作、传播和销售，从而推动经济发展、带动就业的一种新兴产业[7]。基于以上概念，我国的数字创意产业包括通信增值文化服务业、互联网文化服务业、文化和娱乐软件业、现代影视业、数字游戏业、虚拟现实业、动漫业、数字出版业等，除此之外，还包括这些核心产业之间相互集成和融合而形成的产业[8]。例如，数字动画与传统出版业的结合、现代影视与其他文化产业的融合[9]。

（二）数字创意产业的特征

根据各国和我国对数字创意产业的理解，可知数字创意产业是由多个产业复合而成，因此具有多产业复合的特性，即数字创意产业具有多样性的特征。

1. 文化特征

数字创意产业所包含的内容，从创意的角度理解，拥有一定的文化基础是该产业都需具备的核心条件，因为创意不仅是对文化的创新，也是对文化的传承。所有的数字创意活动，都是对具有智慧和知识的文化象征进行积累、加工并投入市场进行消费。与传统的物质生产活动不同，传统物质生产是以天然存在的自然资源为基础进行有形物品的生产，而数字创意产业生产是以文化为基础进行无形产品的生产。而文化是对所处社会经济和意识形态的反映，使数字创意产业具备时代背景下的经济形态特征和意识形态特征。

创意产品具有普通的商品属性，同时又具有知识性和娱乐性。因此，不仅对公众的价值观和感情具有重要的影响，而且对整个社会的伦理道德、文化环境、人文精神和科学文化等具有重要的影响，能够创造普通物质产品难以企及的社会效益，这也是文化特征所具有的影响力。

随着信息技术的发展，数字化、网络化已经体现在社会的各个层面，数字创意产业是一种知识、文化、信息和技术密集型的产业形式，它不仅可以为国家创造强大的经济实体，也是国家软实力的重要体现。因此，与文化底蕴相结合的数字创意产业是世界各个国家公认的反映综合国力的载体之一，同时也是新的经济增长点。

2. 创意特征

所谓创意，是指创立新意或者标新立异，提出具有创造性的建议和理念等。对于数字创意产业而言，创意是指在具备文化基础的前提下，对内容进行创新。创意是数字创意产业的生命，其内涵主要体现在如下 3 个方面。

第一，创意需求。随着人们物质生活水平的不断提高，物质产品不再能满足精神文明的要求，具有文化、娱乐、精神映射和心理性的产品市场需求愈加扩大，这形成了数字创意产业发展的根本动力。

第二，创意产品。数字创意产业所生产的数字创意产品具备强大的吸引力，能够刺激消费者的需求，能在市场上获得经济效益和社会效益。每一款具体的数字创意产品都具有一定的新颖性、机动性、瞬时性、时尚性等特点，使数字创意产品的市场需求具有较大的不确定性和风险性。

第三，创意的原创性和难以复制性。创意强调的是专有和独特的知识、文化的创造性,而不是抄袭、过度借鉴的假性创意,因此,真正意义上的创意无法原封不动地进行复制。

3. 人才特征

数字创意产品的生命之源是创意,灵魂是具备高素质和创意思维的人才。顶尖的创意型人才把握着数字创意产业的命脉和关键,对创意产品的诞生具有决定性作用。但对于数字创意产业,人才的培养与传统行业有所不同,需更具备文化基础、创新思维而非技能性。

总体上,数字创意产业中通常有两种类型的创意人才。一种是高端人才,能够在所处的领域根据相应的题材,创造出顶尖的数字创意产品。这样的高端人才,代表着该产业创意能力的最高水平,同时也是综合人才的杰出代表,具备广泛的知识性、智慧性,并且充分了解数字创意产品从诞生到推广的整个过程。另一种人才则是文化艺术领域的明星,明星效应既能够给产品带来超额利润,还能给数字创意产业积攒市场空间,而市场需求扩大能够带动产品的消费和产业的推进。

4. 大众化特征

数字创意产业面向的是市场中的消费者,因此在产品的经营过程中应符合不同消费的需求,数字创意产品具有娱乐、益智、盈利等特性,其流通实质上是以市场作为中介,将创意想法经过加工和创造,使之成为符合大众喜好的消费产品。因此,数字创意产业需要具备大众化、普遍喜好性等特征。

5. 高附加值特征

对于数字创意产品,尤其是具备原创性的创意产品,都应当具备高附加值,因此,相应的数字创意产业也必然是具有高附加值的产业。在数字创意产业里创造原创性创意产品,其产生的价值与简单劳动有着巨大的差距,这反映了简单劳动和复杂劳动所带来的价值差异。正因为数字创意产业的投资报酬率远大于其他大部分产业,所以吸引了众多的投资者[10]。

6. 知识产权性

数字创意产业以无形资产为主,配置较少的有形资产,信息、知识、文化和技术等是其核心生产要素,这些要素和知识产权密切相关。因此,数字创意产业是一个涉及技术、知识产权的密集型产业,资产核心和财富创造的主要方式也是基于知识产权的生成和利用。相比大部分传统行业,数字创意产业对知识产权具有高度依赖性,需要从创意产生到产品流通等各个流程做好知识产权的管理和保护,否则整个产业将面临生存危机和发展瓶颈[11]。

7. 高技术性

数字创意产业进行的文化价值创造和增值活动需依托多元化的技术平台,此技术平台包含了数字技术、网络技术、现代通信技术和大众传播技术等。因此,数字创意产业与传统文化产业相比,标志性区别就是生产出的产品能否实现数字化、网络化、大众传播化。

行业人员的文化素质也体现了数字创意产业的高技术性。根据相关统计，创意产业与其他行业相比，从业人员中具有高学历的人才比例显著高于其他大部分行业，如研究生及以上学历所占比例是所有行业平均水平的 5 倍以上，本科和大专学历所占比例分别是所有行业平均水平的 3.5 倍和 2 倍，而高中及以下学历所占比例低于所有行业平均水平，充分说明了数字创意产业的高技术性，是高素质聚集性产业[11]。

8. 横向协同性

数字创意产业，在产业内部具有很强的横向协同性，这种协同性贯穿在各个环节的外部联动和内部自身。这是由于在数字创意产业中，即使是同一个创意 IP，其内容创作也具有众多表现形式和表现载体，如动漫产业中，创意产品既能够被创作为动漫影视作品，还能够被生产为与主题相关的衍生品，如数字游戏等。因此，在动漫放映期间，衍生品开发商会根据市场反响采用多种形式进行产品宣传和销售，如果动漫具有高市场人气和高收视率，则衍生品的销售也会随之火爆，而衍生品的受欢迎程度又会反过来作用于动漫收视率，两者之间形成协同效应。

二、数字创意产品的内涵及价值结构论述

（一）数字创意产品的内涵范围界定

产品是用于满足消费群体在一定程度上的生活所需或在某种程度上的其他所需的一种物品。在当代物质生活中，产品是指消费者通过互相交换而获取的"需求物品"。消费群体是指愿意通过交换并获得产品的人，在此过程中，由潜在的消费人群及所发生的交换行为而逐渐构成营销者市场。产品在市场角度下的内涵也会随着时间、地点和情景的变化而发生变化。其主要分为以下几个阶段。

（1）实物产品：是在市场视角下对产品最为原始的定义，在实物产品中消费群体可以获得最基本的生产生活需要，这是其从实物产品中获得的核心利益。

（2）服务产品：是指消费群体在一定程度上为了满足精神层面的需求，并利用交换而获得的一种无形的利益和价值，此种无形价值依附于有形产品，如酒店服务、餐饮等。

（3）品牌产品：随着国民经济水平的提高，部分消费者的物质生活水平日益提高，对生活品质的追求也相对提高，逐渐加入品牌消费的行列中。由于品牌价值观的差异性，以及对品牌认知度的差异性，消费者对品牌产品的消费程度、需求等都会有一定的差异性。

（4）数字创意产品：伴随着高新技术的快速发展，消费者不是停留在对有形物质产品的需求上，而是转向精神层次的需求，鉴于此，消费者的社会行为及其追求使数字创意产品通过市场产生最终利益。此类产品来源渠道广泛，多数是通过市场交换方式获取，如艺术产品、高素质教育和文学方面等。

著名的经济学家罗默曾经指出，新的数字创意会衍生出较多的新产品和新市场，并产生更多的利益。国际上发展速度较快的大城市在实现工业化后，都会将数字创意产业作为催生经济增长的重要战略举措。数字创意产业链成为创造社会价值和经济价值必不可少的环节，消费者需求、经济发展需要、市场推动使数字创意产品逐渐兴起，且营销、生产和

消费各环节也得到重视。

数字创意产业为社会提供了集科技、文化、知识、艺术、娱乐、创意等于一体的产品与服务,相应的产品依靠个人智慧和主观能动性而开发,且类型在知识产权的保护范围内,并能够满足消费群体某种特定的需求。其形式主要有动漫产品、旅游产品、电影电视产品及绘画与雕刻产品等,凝结了人类智慧和主观创造性。

(二)数字创意产品特征

数字创意产品涉及的领域主要有动漫、影视、网络文学、数字创意、VR 及在线教育等。未来数字创意产品的技术内容和相关服务范围将会随着消费群体及市场空间的变化而逐渐扩大,并与其他相关产业进行交互性的协调发展,其界限也会变得越来越模糊。本书将数字创意产品界定为以创意为核心,并以互联网信息技术为载体的产品,其创新概念是无形的,在物质载体的帮助下,通过相关的电子技术形成具体的表现形式。从数字创意产品的整个产生流程来看,其投入主要是创意想法和创新技术等;从产品的形态来看,体现为创意设计的内容、文化或者以知识为核心的产品。数字创意产品具有与其他产品不同的特征。例如,数字创意产品具有产品消费的体验性、产品互动性和参与性、产品消费过程中的动态性、产品的衍生繁衍性及消费者忠实度的不稳定性。可总结为如下 5 个方面。

1. 数字创意产品的互动性

数字创意产品与其他传统行业的典型区别在于用户和(虚拟)环境的互动程度上,强调传统媒体与信息的发送者和接受者之间的互动[12]。此种互动可以发生在人与人之间,也可以发生在人与机器之间,甚至机器与机器之间,相应的发生时间也具有不确定性[13]。通常判断产品是否具有互动性有两个标准:第一,可以供消费者选择的程度级别;第二,产品提供的交互内容是可以供消费者修改的。例如,网络游戏、VR 体验、数字教育等大部分的数字创意产品都符合相应的判断标准。现行的 VR 设备大都用于旅游景区观光和房地产销售,消费者可以依据本身的旅游需求和购房需求,通过感官体验来转换自身的视角。对于网络游戏,游戏的内容时时更新,且游戏设计都是依据消费者的需求而进行不断升级的。游戏玩家不仅能够在虚拟游戏界选择扮演的游戏角色,也能够自由组队及选择不同的道具,并享受不同的娱乐体验和实现互动性。而对于数字教育,学习人员可以在互联网上选择不同的课程进行学习,且网络后台也可以利用交互连线和问卷调查等方式,使消费者与产品开发者进行连线,并为消费者定制课程与及时授业解惑。VR 体验器、网络游戏和数字教育是目前消费者较为熟悉的数字创意产品。此外,基于互联网的数字创意产品和服务,也能够体现互动性,如电子社区、网上聊天及电子邮件等[14]。

2. 产品消费的体验性与参与性

消费者在传统产品的生产过程中处于被动的状态,不能体现对产品的参与性与体验性,但对于数字创意产品,消费者较大程度地参与到生产和服务的过程中,从某种角度来看,赋予了产品额外的价值。以网络游戏为例,个人参与是指玩家与网络游戏系统之间的关系,而大众参与主要是指在网络平台上的游戏玩家[4]。数字创意产品在一定程度上是赋予了特定文化的精神产品，与消费者的文化素养观念及认知水平有较大关联。消费者体验后对产品的评论及广告等信息的输入，是决定其他消费者及自身以后选择的重要依据[15]。鉴于此，品牌形象的树立和客户联系的建立也是数字创意产品的重要营销策略[16]。

3. 数字创意产品的消费是一个动态过程

数字创意产品的经济价值在一定程度上是源于消费者与产品的互动过程之中。例如，网络游戏，消费者通过在虚拟游戏世界中扮演的角色，不断地对装备进行升级与换皮肤，进而获得精神层面的满足感。其游戏自身内容也是具有发展性的，可以根据消费者的爱好而不断进行创新，设计新的虚拟游戏意境、技能及游戏人物形象。鉴于此，从某种意义上消费者对数字创意产品的消费过程也具有动态性[17]。

4. 消费者忠实度的不稳定性

数字创意产品的创意源于通过不断更新而得到改变。其内容的特殊性也决定了消费者忠实度的不稳定性。例如，网络影视、网络游戏及音乐的 VIP 等是以月或年进行订购。因此消费者可以依据兴趣爱好的转变或时间来进行充值选择。与其他传统产品相比，数字创意产品更新换代速度较快，消费者兴趣转移的概率较大，忠实度较低。创意产品的创新度是持续吸引消费者的关键。

5. 数字内容产品的衍生市场性

数字创意产品的消费与开发伴随着新领域产品市场的出现。其产品市场根据产品的变化会衍生出多级市场。例如，动漫产品会衍生出相关人物布偶产品、联名衣服、道具及人物模型产品等。网络游戏也会衍生出二级市场。据统计，网络虚拟产品交易市场的年交易额能够达到网络游戏市场的 4 倍。

(三)数字创意产品价值结构

价值结构的分层是指依据消费者不同的需求属性对产品的价值进行拆分。数字创意产品的本质属性在一定程度上为文化创意的隐性价值。而传承文化创意的载体具有不同的表现形式。因此，功能价值、信息价值、体验价值及文化价值是衡量数字创意产品的显性指标。

1. 功能价值

功能价值是指能够为消费者带来需求方面的价值。例如，动漫、电影及网络游戏，能够满足消费者娱乐层面的需求；VR 体验运营在房地产业和旅游业，消费者可以通过 VR 设备进行 3D 体验，并满足消费者的选择性需求。数字创意产品的开发需要根据消费需求从功能价值出发，合理定位消费人群并进行生产，将功能融入和塑造以满足消费者的多维需求。

2. 信息价值

信息价值是影响数字创意产品的重要因素，且对数字创意产品价值的提升具有重要的意义。例如，可口可乐公司购买了哈利波特的形象权，且将其运用在产品的使用上，因此，可口可乐公司生产的饮料产品就被赋予了一层新的信息含义。在国际"波特热"的强大影响力下，可口可乐饮料产品的销售量迅速上升。因此可以得出，数字创意产品相关信息的转售也会使得其信息价值得以形成。

3. 体验价值

体验价值是数字创意产品价值结构中不可或缺的组成部分。例如，在日常生活消费品中，以动漫界、影视界人物形象为主题的相关食品、衣服及娱乐场所等就是以数字创意产品为基础而衍生出来的产业链。消费者很大程度上的乐趣是体验动漫界与影视界塑造的"魔法世界"，因此带来了价值的增值。再如，对 VR 设备的体验能满足消费者视觉等方面的多维体验。

4. 文化价值

文化价值也是数字创意产品不可或缺的价值部分。此处的文化是指蕴含在数字创意产品内的一种主观概念，是由部分人以自己的主观思想和固有理念创造出来的，因而，该数字创意产品拥有较强的个性化特征，且此个性化元素能够被许多人接受，进而形成一股潮流，其结果是蕴含在数字创意产品中的文化价值相继被挖掘和培育出来。例如，《花木兰》中表现出了花木兰勇敢及坚毅的优秀品质，从"愿为市鞍马，从此替爷征"中可以看出花木兰是一个勇敢和孝顺的人，她不怕战场上的凶险环境，也体现出她的爱国精神。"不愿尚书郎，只愿还故乡"这样的英雄行为，充满着劳动人民的骄傲，完全轻视封建时代很大一部分人梦寐以求而不得的东西。又如，《西游记》中通过塑造人物造型，进而向人们宣扬了佛学精神，且通过斩妖除魔的故事情节来向世人道出了真善美的本质；《变形金刚》则赋予了个人英雄主义的特色文化；《猫和老鼠》体现出一种叛逆文化。文化价值是数字创意产品的精神内涵，会依据区域间的文化差异而产生出不同的创新理念。消费者认同和接受类似文化属性就等同于认可对应的数字创意产品。

第二节　数字创意产业在典型国家的发展情况

一、英国文化创意产业的发展

迄今为止，英国的文化创意产业已经成长为一个相对成熟的行业，也形成了较为完整的产业链。

首先，英国政府在政策层面上对创意产业的发展进行支持，成立了专门的文化创意产业工作小组，对创意产业的发展进行指导，并提供政策引导、金融支持和市场推广等。例如，英国国家科学与艺术基金会为具有创意的个人及组织提供充足的资金扶持；英国的文化媒体体育部，专门负责创意产业、文化商品的出口准许等，同时对创意产业的发展现状进行研究和统计，并发布包括经济增长值、岗位信息和企业运营等详细数据的统计报告。

其次，搭建区域性的文化产业群，集中发展创意产业，如伦敦创意文化产业园区是世界上颇有名气的世界级创意文化产业中心，如今在伦敦，文化创意产业是城市的经济支柱性产业，所创造的价值和财富仅仅在金融服务产业之下。

再者，注重培养创意人才。创意教育是英国创意产业发展的支撑和基础，通过高校、产业界相结合对创意人才进行教育和培养，为创意产业培育和提供符合要求的人才[18]。

同时，英国为了推动文化创意产业的发展，汇聚了社会多方力量，如举办文化创意产业相关论坛，建立文化创意产业主题网站等。数字内容论坛是众多论坛中较为活跃的论坛之一，每年都会收集各类协会和业内会员的意见，将这些意见集中归纳整理之后，提交给政府，为政府的政策制定提供参考，该论坛还提倡行业知名人士进行知识经验分享，以推动行业发展和提高行业的创新能力[19]。

2009 年，英国政府推出的《数字化不列颠》报告书中，对英国经济在数字化环境下的发展方向和对策进行了论述，对数字化进程的趋势进行预判，旨在让英国跃居到数字化强国的阵列。

时至今日，文化创意产业已成为英国的核心经济增长点，根据英国文化媒体体育部在 2010 年发布的《创意产业经济评估》报告，在 1997~2007 年，创意产业的增加值总额(gross value added，GVA)呈现逐年增长的趋势，平均值为 5.9%；在 2008 年，创意产业对其经济增加额的贡献率更是大幅度提高，达到 8.1%；到 2010 年，创意产业为社会提供岗位 227.85 万个，在总就业率中的占比为 7.8%；从事创意产业的公司达到 18.21 万个，占企业总数的 8.7%[20]。而与数字化相结合的创意产业在整个创意产业中的占比超过 85%。创意产业不仅在英国的经济比例中占据主导地位，也成为了国民生活的一部分，英国政府利用数字化技术对多家博物馆、图书馆进行数字化开发，将博物馆展品和馆藏图书经过数字化处理并上传到数字博物馆和数字图书馆中，供国民欣赏和查阅学习。除此之外，数字影视、数字音乐和娱乐软件等数字创意产品也关联国民生活的方方面面，英国互联网普及程度较高，全英人民都在享用数字化创意产业的成果。

二、美国版权产业的发展

200 多年来，美国采取了诸多措施来推动和维护版权事业。

首先，颁布版权法及相关法律。早在 1790 年，美国就诞生了第一部版权法，在此之后，美国根据社会和经济发展状况，对版权法进行了修订，如对版权保护范围、版权保护期等进行了修订[21]。美国在 1998 年 10 月通过了《跨世纪数字版权法》，此法律依据新时代下的数字技术及网络环境氛围特点，补充和修订了美国版权法，将数字化版权纳入对大众和版权产业的保护中。

其次，形成良好的版权意识。美国大众将文化和创意视为个人的智慧和财富，对创意和版权展示了充分的尊重。在数字化环境下，与传统产品相比，数字音乐、电影、数据库、计算机软件产品等数字产品在版权保护和管理上存在更大的难度，但美国重视版权、尊重版权的强烈的版权意识仍然推动着版权产业在数字化、网络化的环境下蓬勃发展。

再者，设立专职机构实施对版权产业的发展和维护。在美国，国际知识产业联盟（IIPA）是维护版权产业的民间组织机构之一，促进版权的全球保护是该组织的宗旨，其主要职责是发布与版权产业相关的新闻、出版物和行业发展报告等，该机构的相关措施不仅推动了美国版权产业的发展，也对世界知识产权事业的发展形成了重要推动力，但归根结底它仍旧是为了维护美国版权产业的利益。类似的美国版权组织还有很多，如美国版权局也是推动美国版权产业蓬勃发展的主体之一。

同时，完善信息基础设施构建。20世纪以来，美国政府着力实施"国家信息基础设施行动计划"等互联网计划，构建覆盖全美的数字化网络，为数字版权产业的发展奠定了牢固的技术、网络条件，在政府多方激励机制的推动作用下，美国的数字版权产业发展迅速。

IIPA颁布的版权产业发展报告——《美国经济中的版权产业》显示，在2003～2013年，美国版权产业对于GDP的年均贡献率保持在11%以上，其中核心版权产业的GDP贡献率更是高达6.3%以上。由此可见，版权产业在美国已成为重要的支撑产业[22]。

在数字化背景下，美国版权产业的影响作用和覆盖范围愈加广泛，CD、电视录像、图书期刊出版物、计算机软件等行业成为美国主要的出口行业，其中计算机软件占有最大的出口额。众所周知，美国有大量世界著名的高新公司，如微软、IBM、苹果等公司，在计算机领域占据了巨大的市场份额；在图书期刊、数据库、电子资源等领域，美国依然走在世界前列，近几十年来，美国电影大片席卷全球，美国电影推动了全球电影文化的发展，同时也产生了经济价值和社会价值。

三、日韩数字内容产业的发展

日本是亚洲数字内容产业最为发达的国家之一，数字内容产业在日本具有重要地位。政府为了推动数字内容产业的发展，颁布了各种法规和措施，它们是日本数字内容产业发展的保障和基础动力。日本政府颁布的《知识财产推进计划》《内容促进法》等一系列法律对数字内容产业的发展有直接的促进作用，这些发展计划体现了国家政策对于数字内容产业发展的重要作用。同时日本政府也提出了具体的发展措施，将人才作为数字内容产业发展的基石，重视人才在产业发展中所发挥的作用。另外，政府采取措施推动与企业间的合作关系，对企业提供政策、资金、市场等方面的扶持。除政府在产业发展中提供核心支持外，日本数字内容协会（DCAJ）等机构也是推动数字内容产业发展的中坚力量，为了促进日本数字内容产业的发展，组织和举办了一系列数字内容比赛、展览、研讨会、培训等各种业内活动并积极地构建国际交流平台。和英国、美国类似，日本的数字内容产业链在长期的发展和推动中，已经日趋完善，并形成成熟的运行模式，涵盖了产品生产、发行、消费到出口等一系列环节。根据日本《数字内容白皮书》中的统计资料显示，进入21世纪以来，日本的数字内容产业在亚太地区市场规模中占到了50%以上，其数字内容产业的发展总值和市场规模仅次于美国，居世界第二位。

与此同时，韩国在1998年正式提出"文化立国"方针，并将与文化相关的产业上升到国家重点发展和扶持的地位。韩国政府在 1999 年发布《文化产业振兴基本法》，旨在向文化产业的发展提供政策和法律支持。与日本类似，韩国政府为了推动数字内容产业的发展，先后出台了一系列激励性政策，如《韩国信息基础设施计划》《网络韩国 21 世纪计划》《电子政府推进计划》等。信息通信部为了加大政府与民间资本对数字内容产业的投资，推出了"数字内容产业发展综合计划"；文化观光部发布指导意见将数字内容纳入国家重点发展战略性产业，与产业资源部、信息通信部等多部门联合，共同支持数字内容产业发展，尤其重视游戏产业，建立游戏技术开发中心等部门，对游戏产业重点扶持；韩国政府还在其他国家建立了许多文化推广站，从事本国文化的推广和宣传事业。在韩国，负责数字内容产业发展的主要政府机构有韩国文化产业振兴院、文化旅游部、信息通信部、软件振兴院、游戏产业发展研究院等。除此之外，还有很多社会民间机构也在致力于推动数字内容产业的发展，如韩国数字内容产业协会情报产业联合会等，各种基金会也为数字内容产业注入资本，提供资金支持。在数字内容产业的发展过程中，韩国始终坚持 OSMU（one source multi use，即"一个来源，多样化用途"）的理念，即在不同的业态中使用同一个创意题材，如将同一个创意题材运用到电影、影视剧、数字游戏、动漫产品、数字音乐等业态上，这在当时是一个较为创新的概念，使数字内容产业保持长久生命力，经久不衰[23]。

本 章 小 结

通过对数字创意产业相关概念的论述及本书对数字创意产业的定义可以发现其共同的特点在于数字创意产业是文化产业、创意产业与数字化的结合；不同之处在于英、美、日、韩及我国对数字文化创意产业的界定各有侧重，英国强调创意，将广告、建筑、工业等 13 项文化相关行业纳入创意产业之中；美国以版权管理的方式发展数字内容产业，强调版权意识，即对个人或机构的创意、创造力极为看重；日韩则是侧重于数字创意所涵盖的领域，将音乐、动漫、信息服务等领域作为数字创意产业的重点发展项目；而我国的数字创意产业，起步较晚，行业发展还不成熟，其概念大多引自外国。得益于长期的发展，英、美、日、韩等国的数字文化产业发展较为成熟，对数字文化产业的类型已经有了明确的划分和界定，政府主管部门的管理职权划分也已经明确。我国的数字文化产业尚处于高速发展的初级阶段，已经制定了《战略性新兴产业分类(2018)》，里面涵盖了数字创意产业的产业细分，对数字创意产品进行了一定的分类，这将有助于我国数字创意产业未来的发展。

参 考 文 献

[1]李晓琴. 大数据在文化创意与文化产业融合中的应用[J]. 新闻与写作, 2016(12): 101-103.

[2]王学琴, 陈雅. 国内外数字文化产业内涵比较及现状研究[J]. 数字图书馆论坛, 2014(05): 39-44.

[3]张文洁. 英国创意产业的发展及启示[J]. 云南社会科学, 2005(2): 85-87.

[4]谭小平. 英国创意产业的现状、批评及反思[J]. 经济导刊, 2014(4): 92-93.

[5] 中国高新技术企业. 国外文化产业发展概况[J]. 中国高新技术企业, 2010(29): 38.

[6] 韩洁平. 数字内容产业成长机理及发展策略研究[D]. 长春: 吉林大学, 2010.

[7] 张寅. 韩国文化创意产业的发展模式[J]. 中国投资, 2006(6): 43-46.

[8] 罗海蛟, 马海, 李建平. 上海数字内容产业预测与分析[J]. 中国信息界, 2010(Z1): 105-108.

[9] 张宝生, 王晓敏. 文化创意产业生态系统结构模型及其竞争力评价指标体系研究[J]. 科技与经济, 2018, 31(06): 61-65.

[10] 徐仲伟, 周兴茂, 谈娅. 关于文化创意产业的几个基本理论问题[J]. 重庆邮电大学学报(社会科学版), 2007(06): 60-66.

[11] 张京成. 中国创意产业发展报告(2007)[M]. 北京: 中国经济出版社, 2007.

[12] Manniner T. Interaction in networked environment as communicative action-social theory and multi-player games [R]. In proceedings of CRIWG 2000 Workshop, Madeira, Portugal, IEEC Computer Society Press, 2000(10): 18-20.

[13] Mundor F N, Bryan T J. Realizing the social and commercial potential of interactive technologies[J]. Journal of Business Research, 2000(55): 665-670.

[14] Mckenna K Y A, Bargh J A. Causes and consequences of social interaction on the internet: a conceptual framework [J]. Media Psychology, 1999, 1(3): 249 -269.

[15] Choi D, Kim J. Why people continue to play online games: in search of critical design factors to increase customer loyalty to online contents[J]. Cyber Psychology & Behavior, 2004, 7(1): 11-24.

[16] Neelamegha M R, Jai N D. Consumer choice process for experience goods: an economic model and analysis[J]. Journal of Marketing Research, 1999(36): 373-386.

[17] Peppard J, Rylander A. Products and services in cyberspace[J]. International Journal of Information Management, 2005(25): 335-345.

[18] 汪曼. 英美日三国文化创意产业发展经验解读及启示[J]. 浙江树人大学学报, 2010(5): 32-36.

[19] 贺艳. 创意产业在国外[J]. 经济, 2009(7): 56-58.

[20] Department for Culture Media and Sport. Creative Industries Economic Estimates[R]. London: Department for Culture Media and Sports, 2010.

[21] 张昌兵. 美国版权产业发展战略探析[J]. 商场现代化, 2010(227): 114-116.

[22] Stephen E. Siwek of Economists Incorporated. Copyright Industries in the U. S. Economy[R]. New York: IIPA, 2011.

[23] 杨利英. 日韩文化产业发展的成功经验对中国文化产业发展的启示[J]. 毛泽东邓小平理论研究, 2009(10): 75-77.

第二章　我国数字创意产业的发展背景及现状

第一节　数字创意产业发展背景

为促进我国经济的结构优化和可持续发展，国务院在"十二五"规划初期发布了《关于加快培育和发展战略性新兴产业的决定》，该决定确定了创新产业发展的 7 个方向，即节能环保、新一代信息技术、生物、高端装备制造、新能源、新材料和新能源汽车。国务院在 2012 年发布的《"十二五"国家战略性新兴产业发展规划》中指出，七大产业发展途径得以明确，并提出"十二五"期间战略性新兴产业增加值的比重目标，应当发展到在国内生产总值中的占比为 8%左右，该目标在 2015 年的时候已经圆满完成。

在此发展的基础上，国务院在"十三五"规划期间继续对创新产业进行资金扶持和重点推进，在 2016 年发布的《"十三五"国家战略性新兴产业发展规划》中提出，在保持原有七大产业的基础上，还要新增加"互联网+智能制造"和"数字创意"两大新兴产业，并明确了整体发展目标，即到 2020 年，战略性新兴产业增加值在国内生产总值中所占比重要达到 15%。

在积极推动创新产业发展的同时，国家层面通过中国工程院和中国科学院两个科研机构，对数字创意产业从产业角度展开研究，为其具体实施提供理论依据。在"十二五"期间，应国务院提出的要求，工程院在 2012～2013 年主持完成了"战略性新兴产业培育与发展"咨询研究课题。中国科学院和工程院在 2014～2015 年又联合完成了"'十三五'战略性新兴产业培育与发展规划咨询研究"研究项目。之后，国家发展和改革委员会在 2016 年由国务院授权，又交给工程院"战略性新兴产业发展重大行动计划研究"重大咨询项目。一系列科研项目的研发结果，为我国"十三五"创新产业指明了方向，也反映出国家在发展战略层面开始重视数字创意产业的发展。

前一章对数字创意产业相关概念进行的阐述表明其概念原型最早在 20 世纪的英国提出，并在 1998 年定义了文化创意产业的概念，使该产业涵盖了广播电视等 13 项内容，2014 年其文化创意产业收入达 714 亿英镑。与英国不同，美国把文化相关产业统称为版权产业，包括电影媒体等 8 类内容，2012 年美国版权产业收入达到近 7000 亿美元。日本和韩国把创意产业定义为数字内容产业，在原来的创意产业中引入了技术要素，日本 2013 年相关的产值也突破了千亿美元。我国"十三五"期间才开始定义数字创意产业，此前相关内容的统计口径是计入传媒业，2016 年的市场规模达到了 1.6 万亿人民币。

一、我国数字创意产业发展的政策背景

近年来，数字创意产业开始逐步被各行业各级主要部门和研究者所重视，为推动数字创意产业的发展，国家相关部门制定了一系列政策措施。数字创意产业作为我国"十三五"

规划中新增的新兴产业，随着国家经济的发展和互联网的普及，开始迅速发展并关联到各行各业。2008~2017 年，国家颁布了一系列与数字创意产业有关的政策文件，见表 2-1[1]。

表 2-1 2008~2017 年数字创意产业相关政策

国家政策文件	时间	文件主要内容
《国务院关于进一步推进长江三角洲地区改革开放和经济社会发展的指导意见》	2008 年 9 月	加快发展面向民生的服务业，如踊跃发展影视广播、新闻出版、邮政、电信、文化和休闲娱乐等服务业。积极推动数字期刊、网络出版、数字博物馆、数字图书馆、网络游戏、电影特技制作、数字艺术设计、数字媒体、虚拟现实等新兴数字创意产业的发展
《文化产业振兴规划》	2009 年 9 月	将数字内容产业作为新兴文化产业未来发展的重点，并指出要积极推进重点文化领域产业的建设
《国务院关于加快培育和发展战略性新兴产业的决定》	2010 年 10 月	全力发展数字虚拟等技术，推动文化创意产业的发展
《中华人民共和国国民经济和社会发展第十二个五年规划纲要》，简称《"十二五"规划纲要》	2011 年 3 月	大力发展数字内容服务，极力推动文化创意、影视制作、出版发行、印刷复制、演艺娱乐、数字内容和动漫等重点文化产业的发展
《国务院关于推进文化创意和设计服务与相关产业融合发展的若干意见》	2014 年 3 月	促进产业融合，尤其是将文化产业与科技相结合，同时政府扩大支持范围，把移动互联网内的文化、动漫、手游等文化创意企业都纳入支持范围 在"意见"中，对数字内容发展的计划和蓝图进行了更为详细的描述，指出在文化产品发展中数字内容具有重要的支撑作用和意义，并且进一步明确了数字内容与文化产业双项发展的融合意义
《2016 年政府工作报告》	2016 年 3 月	数字创意产业的概念在政府报告中被首次提出，报告指出启动国家新一轮的服务业综合改革试点，开展高技术服务业创新工程，极力推进数字创意产业的发展，提升现代服务业的发展速度
《"十三五"国家战略性新兴产业发展规划》	2016 年 12 月	将数字创意产业纳入战略性新兴产业的范畴，并指出到 2020 年，形成文化主导、技术一流、产业链完整的数字创意产业发展格局，相关行业的产值规模达到 80000 亿人民币
《战略性新兴产业重点产品和服务指导目录(2016 版)》	2017 年 1 月	对国家战略性新兴产业的 5 个领域和 8 个产业进行明确。数字创意产业第一次被列入国家战略性新兴产业，成为国家八大战略性新兴产业之一

我国数字创意产业的快速发展得益于国家政策的推进及财政的支持。国务院于 2008 年 9 月颁布的《关于进一步推进长江三角洲地区改革开放和经济社会发展的指导意见》中提出，积极扶持电子书刊、网络出版、数字图书馆、网络游戏、电影特技制作、数字艺术设计、数字媒体、虚拟现实等新兴数字创意产业发展。这是首次以国家级文件的形式展现，标志着数字创意产业迈出了从地区性扶持走向国家产业支持的步伐。尽管政策是国务院层面颁布的，但由于数字创意产业在我国还是起步阶段，所以该政策具有一定的区域试验性和内容简单性。

近年来，国务院下发了多项政策文件支持和促进文化创意产业、数字内容产业及产业服务等的发展，如 2009~2011 年先后颁布了《文化产业振兴规划》(2009 年)、《国务院关于加快培育和发展战略性新兴产业的决定》(2010 年)和《"十二五"规划纲要》(2011 年)。从政策层面表明发展数字创意产业实质上是发展数字化的文化创意产业。

2014 年 3 月，国务院下发了《国务院关于推进文化创意和设计服务与相关产业融合发展的若干意见》，指出数字内容与文化产业的双项融合意义，以及数字内容对文化创业产品发展过程中的支持作用，强调了创意内容的数字化，指出了产业升级的方向，为数字创意产业的后续发展路径提供了指导。

2016 年 3 月初，李克强总理在《2016 年政府工作报告》中指出，启动国家新一轮服务业的全面改革试点，实施高技术服务业创新项目，极力发展数字创意产业。这是数字创意产业的概念第一次在政府工作报告中被提及。在 2016 年 12 月，国家颁布《"十三五"国家战略性新兴产业发展规划》，规划指出，数字创意产业被国家正式列入战略性新兴产业，并明确数字创意产业的发展目标，即要将数字创意产业建设为 5 个"十万亿级"新兴支柱产业之一。2017 年初发布的《战略性新兴产业重点产品和服务指导目录(2016 版)》，在 2013 年分类的原有 7 个细分产业的基础上，补充了数字创意产业，同时对数字创意产业的三大主导方向进行明确，分别是数字文化创意、设计服务、数字创意与相关产业融合应用服务。政策颁布的跟进旨在对数字创意产业的国家战略地位予以明确，并且规划了数字创意产业的重点发展方向和发展目标，形成系统性的国家层面的顶层设计。

整体而言，数字创意产业的相关政策随着数字经济的推动也在不断地改进与发展。从产业发展的方向看，早期数字内容经过市场导向转而发展至数字创意、开发应用和设计服务一体化的内容；从产业覆盖面看，前期产业涵盖的主要是数字出版和数字内容，发展到现在主要是以文化产业的整体数字化为主；从国家政策支持度看，产业发展完成了从初期的区域性扶持到国家战略性新兴支柱产业的过渡。

二、数字创意产业发展的经济背景

2018 年 11 月，第 20 届中国国际高新技术成果交易会在深圳会展中心举行。会议上，中国工程科技发展战略研究院发布了《2019 中国战略性新兴产业发展报告》，指出国内数字创意产业的猛烈式增长离不开移动互联网与数字技术在发展中所做出的巨大贡献。

一方面，随着国内多元化的新兴数字创意行业迅速崛起，如数字音乐、网络文学、数字动画、数字电视、网络游戏、网络直播等，创造了众多既有潜力又有强大爆发力的产业发展热点，并且这些热点每年都以相当高的速率增加。

另一方面，消费者需求的不断提高，高新技术的不断升级创新，对数字创意设备和创意设计产业的蓬勃发展起着极大的推动作用。新兴数字创意设备产品的种类也在不断地丰富，如智能电视、智能手机、虚拟现实设备、智能手表、智能家居产品等 。

中国工程科技发展战略研究院发布的《2019 中国战略性新兴产业发展报告》指出，仅在 2017 年，国内的智能可穿戴设备规模就达到 264.2 亿元，2016～2017 年，增长率为 56.5%；2017 年，我国数字创意产业仅仅在 VR 产业市场的规模就达到 160 亿元，是"十二五"末期的 10 倍有余。

数字创意产业的发展态势良好，年均增长速度较快，增长率较高，目前处于爆发式增长阶段。科技推动技术的进步，创新引领未来的发展，数字创意产业在未来将成为创意经济发展的新领域。

三、"智慧城市-数字创意生态"背景

生态学是一门对生物有机物种与其所处环境之间的关系进行研究的科学。生态学通常是从全面、总体、细微的视角对生态系统进行生物研究。在每个生态系统中，都包含了必不可少的元素，即生产者、消费者、分解者及非生物环境，它们是生态系统的基本组成部分[2]。

智慧城市-数字创意生态是由创意主体要素、创意环境及智慧城市背景下的要素构成的，智慧城市-数字创意生态可以被理解为某种人文气候环境，此环境使数字创意产业的孵化、转化和发展相适宜。在这个结构体系中，包含了一系列适合数字化、现代化的信息技术科学创新体系和企业创新体系，如金融系统主要对数字创意产业注入资金；高科技研发系统主要是对高新技术进行研究并在数字创意产业中运用等，除此之外还包括具有创意性的社会氛围，如某种文化符号、某种思想传播、某种创造性思维等[3]。国家制定的相关政策体系、社会人文环境和高素质人才供给等都是智慧城市-数字创意生态系统的重要支柱，能够对数字创意产业和创意经济的发展起到持续的推动作用。在传统城市向智慧城市转变的过程中，势必会对城市环境产生巨大影响，数字创意生态也随之发生变化，进而形成智慧城市背景下的数字创意生态，即智慧城市-数字创意生态。与此同时，智慧城市的"智"与"慧"源源不断地给数字创意产业注入新的活力并不断更新其发展环境。

(一) 智慧城市-数字创意生态的主体要素

在智慧城市-数字创意生态中，生态系统的主要成分是数字创意，数字创意中包含了创意制造者、创意运营者及创意消费者。

创意制造者指的主要是具备个人创造力，能够将知识与技能和创意相结合，从而将创意转换为创意成果的主体，创意制造者是创意的源头；创意运营者则是指能够汲取并消化创意制造者的创意并以此存活和发展的群体，通常该群体需要具备扎实的专业能力和综合素质能力，同时还要具备创造思维和市场运作思维，并且在整个过程中充分利用创意制造者的"创意原料"进行市场化推广，为公司和企业获取经济利润。

在数字创意的运转中，首先是创意制造者发现创意并对创意进行加工，将创意由设想转变为实际的创意成果，然后创意运营者通过直接或者间接的方式汲取创意制造者的创意，在此阶段将数字化技术与文化创意产业相融合，经过生产、加工、制作、销售等流程实现商品的商业化并推向市场。经过这样一个过程，数字创意产品就完整地呈现在客户面前，由消费者对数字创意产品进行"分解"与"吸收"。

1. 创意阶层

创意阶层是指在新经济环境下，对创造充满渴求，并愿意进行新理念、新科技、新内容的创造的阶层。创意阶层可以划分为两类，一类是超级创意核心群体，另一类是创新专家。

超级创意核心群体一般是指科学家、艺术家、工程师、研究员、作家、设计师、智囊组织的成员等，主要行为是创造新概念、新设计和新技术；而创新专家主要指的是分布在

知识密集型公司(如高新技术业、投融资服务业、法律服务业、医疗健康业、商业管理业等行业)中，利用自身所积累的广泛知识和创造性思维来分析问题、解决问题的创意制造者，在创意过程中，当具备了足够的创意能力之后，极有可能酝酿出新技术、新设计等，从而由创新专家转换为超级创意核心群体[4]。总之，创意阶层所包含的范围较广，是对整个创意人才群体的总称，不仅包括了智慧城市-数字创意生态中的创意制造者，也包括了创意运营者。

2. 创意消费者

在智慧城市-数字创意生态中，分解的职能是由创意消费者承担，在数字创意产品面向市场推广后，创意消费者是数字创意产品的受用者，在进行消费后，又会向创意制造者和创意运营者反馈产品使用喜好等，进而引发新一轮的创意创新，成为下一次创新的起点。

数字创意消费更多关注意识形态领域的消费行为，注重信息价值、文化价值和体验价值等使用价值以外的附加值。信息价值指的是数字创意产品的符号代码所象征的含义，产品能够给消费者带来某种信息传递和象征意义，如奢侈品象征崇高地位、玫瑰代表浪漫等。文化价值则是指产品所具有的文化属性及在产品消费过程中能够给消费者带来创意的震撼感。体验价值指的是消费者在使用产品时能够置身其中，及时获得情感满足。

由此可见，创意消费者实际上是一类更注重意识形态、象征意义、情感传播和文化需求的人，有闲暇时间和充裕资本去消费数字创意产品，并且乐于接受新事物、新观念、新创意等。他们在生态中扮演着分解者的角色，同时不仅消化吸收数字创意产品和服务，也向市场进行消费反馈，使自身成为数字创意发展的导向牌，为创意制造者和创意运营者的创意发展提供基础，因此，创意消费者在智慧城市-数字创意生态中是重要组成部分。

(二)智慧城市-数字创意生态的环境要素

智慧城市的初衷是利用各种数字化技术或创新理念来整合城市的组成与服务，进而提高资源使用效率，优化城市管理和服务，向公众提供更好的生活环境，从而提高人们的生活质量，提升城市生态环境，营造整洁美观的氛围，完善基础设施，实行智能化的城市管理，使城市生活更加便捷，人与生态、人与城市、人与环境更加和谐相处，共促城市发展。

智慧城市是将数字化、现代化的信息技术与城市建设相结合，而数字创意产业是将数字化、现代化的信息技术与文化创意产业相结合，这与智慧城市的思路基本一致。正因如此，智慧城市背景下的数字创意产业发展是具有市场前景和潜力的。智慧城市建设的基础和核心是人，在城市进行扩张发展的过程中，需要依靠人的知识、创意和智慧来发展创意产业。创意经济不断增长，使得数字创意产业的持续发展离不开创意环境，因此智慧城市所提供的创意环境变得愈加重要[4]。

而数字创意环境不仅为数字创意产业提供了赖以生存的外部环境，它同时也是具体物理空间和抽象文化空间相结合的综合形态，在这个形态中包含了汇聚理性、感性、意识和物质等的创意场[5]，在这个创意场里，还包括了一系列激发创意创想的"软""硬"件设施[6]。

数字创意环境的主体环境因素正是由智慧城市的科技环境、文化环境、政策环境和人才环境所构成的，它们对区域的智慧城市-数字创意生态发展有着直接影响。

1. 科技环境

信息技术和计算机网络技术不断地进步和更新，并且被应用到各行各业，几乎将全球都带入了互联网时代。在城市建设中，计算机、多媒体、3S 等信息技术纷纷被运用其中，通过这些技术对城市信息进行整合和数字化处理，由此衍生出信息城市、网络城市、数字城市等新概念。而近几年来，全球的互联网迎来了又一次的革新和转型，大数据、云计算、物联网等技术得到进一步的发展和升级，互联网在这些领域取得了卓越的进步，各个行业都与互联网产生关联，使得互联网跨界融合的区域不断增大，城市发展不仅朝着数字化方向前进，也朝着智能化、智慧化的方向前行。

对于城市经济和城市发展而言，科学技术一直是推动其发展的重要影响因素，当今社会，信息技术无处不在，它也是智慧城市最重要的特质之一[7]。将互联网、云计算、物联网等新一代信息技术运用到城市设施中，使得城市设施可以实现互动连接，将信息技术与实体设施进行融合，构造一个虚拟与现实相结合的立体城市。依靠新一代信息技术，让城市创新迈上新的台阶，城市信息和数据库在信息技术所提供的互动平台上进行共享和交互，为城市发展提供有效的参考数据，成为城市决策的基础和途径[8]。

技术创新不仅能为数字产业与文化创意产业的结合提供支撑作用，同时也是数字创意的核心所在。比尔·盖茨曾说"通过信息高速路，它将突破国家边界，进而共享和推动各地区文化活动和文化价值观的发展"[9]。

城市的产业结构在数字信息技术的创新发展和运用下发生重大变化，并且随着信息技术的革新和升级，文化创意产业的内容、形态和模式也随之变化，这将促进文化创意产业转型升级，衍生出文化创意产业新形态，即上述所提及的数字创意产业。

2. 文化环境

文化在城市发展中不断地积累，将城市作为文化沉淀池，记录人类在这座城市千百年来的发展进程。城市在长期的形成和扩展过程中，积累了丰富的物质财富和精神底蕴。城市的文化作为人类思想、文明、智慧的产物，与所处的区域具有高度的融合性，它是城市的象征，反映了区域文明的特色。

在智慧城市建设规划中，应当充分重视人文、文化对于城市建设的重要性，打造人文型智慧城市，将文化与城市建设中的信息化、数字化、技术化相融合，注重城市发展史、城市文化底蕴及城市对象间的关系，将人文智慧融入智慧城市建设中，实现城市建设的可持续发展。

城市的灵魂是文化底蕴，因此，城市持续发展的关键在于文化创意的转变和创新发展的存续。对城市的文化进行开发和挖掘，既能增加市民的归属感和认同感，还能丰富市民的文化生活，并且塑造城市特色，提升城市形象，因此城市文化的高低是评价城市软实力的重要指标。

数字创意产业的发展是以数字化技术为手段，以文化为核心，因此，智慧城市中涉及的大数据、云计算等现代信息技术为数字创意产业的发展提供了技术支撑，而智慧城市-数字创意生态的重要基础和源泉则将由城市的文化环境提供。

3. 政策环境

数字创意产业发展需要政策环境来提供强大的支撑，这也是智慧城市-数字创意生态蓬勃发展所必不可少的外在保障，对于数字创意产业的发展，需要政府从各个方面扶持，如财政政策、文化管理政策、技术创新政策、法律政策等。

自从我国提出智慧城市建设目标以来，顶层设计主体多次要让文化建设在城市建设中占据重要地位，强调智慧城市建设需要充分结合地方特色和地域文化，使一批批的智慧城市各具特色，并且特色鲜明。

2015 年提出的"互联网+"行动计划和"十三五"规划指出，要促进信息技术与各行业间的融合，提倡"创新、协调、绿色、开放、共享"的发展理念，并且用这一理念来推动大众创业、万众创新的新格局。不仅如此，国家还设立 400 亿元的创业投资引导基金，以此促进新兴产业创业投资和支持产业创新及发展。

各级主管部门积极响应号召，如位列全国智慧城市首批试点示范城市之中的成都，在 2013 年发布了《成都市智慧城市试点示范方案》，方案指出，要强化城市网络基础、数据库、云计算等领域的基础设施条件，提高城市服务水平、促进产业信息化融合及推动创新理念的传播，通过智能传感、即时通信、云服务和共治共享为市民提供更加美好的生活环境。本书对《成都市文化创意和设计服务与相关产业融合发展行动计划》《成都市国民经济和社会发展第十三个五年规划纲要》《成都市服务业发展 2025 规划》等相关政府政策进行归纳整理，见表 2-2。

表 2-2 成都市数字创意产业相关政策

时间	政策	目标	具体措施
2014 年 10 月	《成都市文化创意和设计服务与相关产业融合发展行动计划》	到 2017 年，实现"个十百千万"发展目标，搭建一个开放合作平台(成都创意设计周)、培育十个创意设计国际品牌、聚集一百个创意设计大师、孵化一千家创意设计机构、新增一万人创意设计队伍	落实税收优惠、财政金融支持、文化创意投融资体系、创意人才支持等政策；简政放权，文化管理体制由管理向服务转变，激发社会创意活力，积极构建产业政策导向、市场主体跟进、风险投资驱动、高新技术领头和跨产业融合创新的文化创意发展体制；深化知识产权示范城市建设和社会支持机制
2016 年 1 月	《成都市国民经济和社会发展第十三个五年规划纲要》	实施创新驱动发展战略、"创业天府"行动计划	实施"创业天府"行动计划，联合川内知名高校，如四川大学、西南交通大学、西南财经大学等设立"海内外高端人才创新创业基金"，开展创新创业人才引进模式研究。深化落实国家和省"千人计划"和"成都人才计划"创新人才入选者、中科院"百人计划"、长江学者、"国家杰出青年科学基金"、海外留学人员等的资金支持

时间	政策	目标	具体措施
2016 年 2 月	《成都市服务业发展 2025 规划》	到 2025 年全市文化创意产业增加值占全市 GDP 的比例在 10% 以上，建成"领先中西部，全国一流"的文化创意产业标杆城市，打造 10 个在文化创意行业中具有国内外知名度和影响力的国际化品牌；培育 100 家年产值达到 5000 万元的文化创意核心企业；成功孵化 1000 家"大众创业、万众创新"的微型企业；实施"文化创意名城行动计划"	建设文化基础设施，打造以中心城区天府广场和天府新区规划建设的市民中心为核心的市级文化设施"双中心"；建设文化产业园区和文化产业基地，并且要打造差异化、特色化建设；对积极拓展海外市场的文化创意企业进行大力支持，积极推动文化创意外包服务
2017 年 1 月	《成都市文化产业发展"十三五"规划》	文化产业增加值占 GDP 的比例超过 5%，将把文化产业打造为成都市国民经济新兴支柱产业，形成现代文创产业体系。推进供给侧结构性改革，依托"互联网+""文化+"的融合平台，将文化产业与其他产业相结合，使它们共同融合发展，提升文化产业的整体实力，充分发挥文化品牌效应，让文化品牌的影响力显著提高，积极推广文化产品，扩大市场辐射范围和辐射强度，拉动相关行业协同发展	推进体制机制创新，包括推进文化体制改革、建立现代企业制度、培育市场主体；推动产业转型升级，主要是加快结构调整、加快园区建设；打造文化产业品牌，包括打造文化产业品牌、保护知识产权；强化人才队伍建设，做到培养领军型人才、培养创新型人才、培养实用型人才；推进规划组织实施，包括强化整体联动、强化评估考核

成都市是西部经济发展中的领头羊，"文化"理念在城市规划中占有重要地位。2004 年，成都市政府提出"文化强市"，将这一理念作为城市的发展战略；2011 年，成都市政府发布《成都市城市总体规划(2011—2020)》，指出以"文化引领"为口号，大力发展文化创意产业，分片区发展文化创意产业。在 2014 年再次颁布相关行动计划，在《成都市文化创意和设计服务与相关产业融合发展行动计划》中再次明确了成都市文化创意产业与其他产业相融合的发展方向。除此之外，成都市政府还制定了一系列激励措施，涵盖了金融服务、文化体制、税收优惠、人才支持、财政补助、法律支撑等方面，旨在为文化创意产业的发展提供全方位的支持和扶助。在经济全球化、社会信息化和文化多样性的推动下，成都市政府在 2016 年制定了《成都市国民经济和社会发展第十三个五年规划纲要》《成都市服务业发展 2025 规划》等，指出要充分利用新一代信息技术，并且在此基础上推动文化创意产业的转型升级，将两者相结合形成数字创意产业，并且大力推动数字创意产业的发展，推进创意、创新、创业氛围的广泛传播，为促进全社会的创新和发展提供更多的便利和保障。成都市服务业发展战略如图 2-1 所示。

4. 人才环境

在传统的工业经济时代，人才需要寻找工作；而在创意经济时代，工作追随人才。经济发展的第一要素是人才，具有能力的高素质人才拥有与众不同的新思维，能够创造具有改革性的新想法，对科学技术的向前发展起到推动作用，进而推进经济增长和城市繁荣。

城市可以聚集人才，并将人才转化为人力资本。在智慧城市的发展中，互联网把城市中的人、物、事联系起来，成为城市发展的核心工具和重要平台，实现了区域间的连通性及深层次的智能洞察。尽管互联网在智慧城市建设过程中举足轻重，但互联网依旧是人类智慧互联的结晶，因此，智慧城市发展的关键仍然在于人才。

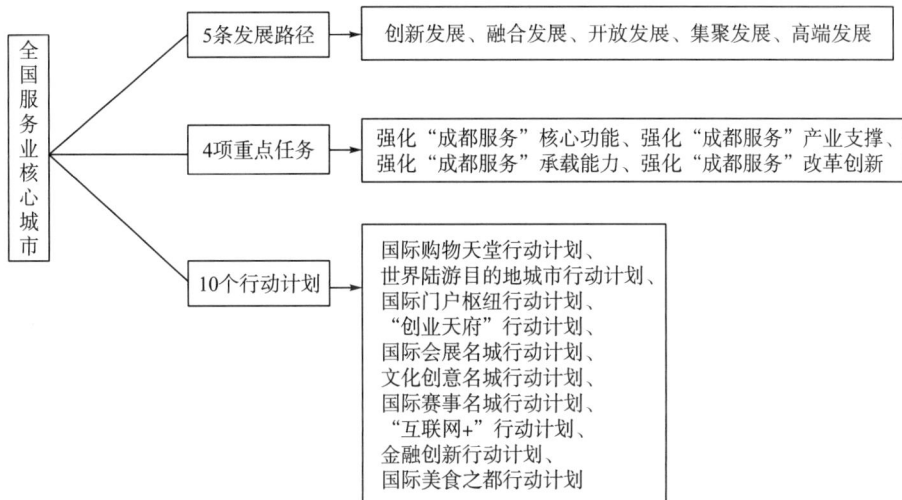

图 2-1　成都市服务业发展战略图

在创意经济时代，人才在特定城市的定向汇聚会造就大量的就业岗位，如果城市具有政策环境和发展空间，将有利于人才吸纳，从而吸引需要人才的企业，促进经济创新发展。城市数字创意产业的快速发展，离不开城市对产业良好环境的强有力支持，如城市配套健全、信息技术支持、政策保障完善、人才储备充足等，这些完善的配套能够营造开放、包容、自由的创意氛围，激发创意阶层和创意消费者积极主动地参与城市数字创意建设。

第二节　我国数字创意产业的发展目标和功能

一、我国数字创意产业发展目标

国务院充分考虑国内发展基础并借鉴各国发展经验，在 2016 年 11 月印发的《"十三五"国家战略性新兴产业发展规划》中提出，为数字创意产业制定发展目标，即到 2020 年，形成文化领头、技术顶尖、产业链完整的数字创意产业发展局面，产业产值规模应当达到 8 万亿元。实际上，依照"十三五"规划为战略性新兴产业所定下的目标，应当是每个战略性新兴产业的产业规模都至少要达到 10 万亿元量级，但考虑到数字创意产业是新加入的战略性新兴产业，因此将目标定为 8 万亿元。2017 年，文化部发布了《文化部关于推动数字文化产业创新发展的指导意见》，给数字文化产业制定了定性化的发展目标，即到 2020 年我国的数字文化产业领域要在国际上处于领先地位。由于对数字创意产业内涵的理解要与文化产业、创意产业相结合，因此，可以理解为数字创意产业的发展目标也应该与文化产业及创意产业的发展目标保持一致，在 2020 年数字创意产业应当在国际上处于领先地位。

二、我国数字创意产业发展重点

在《"十三五"国家战略性新兴产业发展规划》中，国家发展和改革委员会提出了各大新兴产业要推进的重点工程，其中数字创意产业包括 3 项重点工程。

1. 数字文化创意技术装备创新提升工程

数字文化创意技术装备创新提升工程主要涉及未来发展的浸入式体验及智能交换的技术趋势，在强化内容与技术装备共同创新的同时，将消费领域的技术装备也纳入其中，旨在进行技术装备创新的同时带动数字文化创意技术装备的整体提升。

其主要目标是充分利用使能技术、应用技术和终端技术三大要素打造下一代的媒体传播体系。

1）使能技术

通用的基础性信息技术，能够为行业自身的应用提供支撑平台，涉及人工智能、大数据、云计算、感知技术和网络技术，其中感知技术是国家目前的重点推进对象，感知领域包括的种类颇多，如空间感知、智能穿戴、动作感知、手势感知和姿态感知等。

针对使能技术，应当跟进其技术发展，时刻关注发展动态，并且要重点考虑它对数字创意产业的支撑作用。

2）应用技术

各专业在技术层面所能实现的技术，能够作为主要工具，对数字创意产业中内容质量和创新服务模式的提升提供技术支撑，这些技术所包含的内容也非常多，如数字内容加工处理软件、合成技术、VR 处理软件、家庭影音处理软件、浸入式娱乐引擎开发和文化创意数字化处理技术、集成宽带广播平台、新一代宽带无线、新一代有线网络。

应用技术方面的专项攻坚需要技术团队提供支持，并且要突破技术难点，明确重点发展方向，在 2020 年使重点发展的领域达到国际顶尖水平。

3）终端设备

承载用户进行内容消费的对象，包括硬件及其装载的应用软件。终端设备所涵盖的领域广泛，既包括视觉方面的 4K 电视机、HDR 电视机、裸眼 3D 电视机、VR 头戴设备、AR 和 MR 的眼镜，又包括听觉方面的沉浸式音频设备。除此之外，还有其他众多的感知设备，如数据手套、游戏控制器、人机交互装置，甚至还包括超感影院的沉浸式互动座椅和多维渲染器等。

国家对于终端设备应当给予积极的政策扶持，不仅要鼓励终端设备生产商形成产业联盟，还要对产业联盟生产基地建造给予财政上的优惠和支持，积极发挥政府在终端产业发展中的推动作用，使终端设备能够在 2020 年具备自主规模的生产能力。

基于上面所提到的 3 个关键技术要素，将来会形成新一代媒体传播系统。在前端内容的显示上，将构建以新一代广播网和互联网为基础的 4K 内容制作、传输、分发体系；面向家庭场景，随着光纤入户的不断普及，将能够为用户提供家庭娱乐中心，提供云存储功能的技术支持，体验家庭式高端影音服务；面向移动环境，充分利用 5G 技术，建立移动媒体平台和蜂窝网络移动平台，确保用户能随时随地获取高质量的媒体服务。

2. 数字内容创新发展工程

通过联动、整合全民创意和创作，深度开发和挖掘优秀的文化资源，激发文化创意灵感，充分利用互联网优势，打造多元化、高层次、特色鲜明的数字创意内容产品。

要实现数字内容创新发展工程中建设多元化文化产业链的目标，需要进行文化产品的创作，并且要对文化资源进行转化，形成多业态的联动发展。

1）文化产品创作

文化产品的创作对象是国内传统优良的文化产品，它依托数字化技术和新一代网络融合体系，形成数字创意产品，推向社会并得以传播。

对于产品创意的创作，国家应鼓励全国人民参与其中，鼓励草根创作和群众参与，并且着力提升数字化技术水平，营造更好的版权环境。

2）文化资源转化

所谓文化资源转化，就是将国内具有中式特色的文物、艺术品、文化等通过数字信息化技术，转换为数字内容展示形式的数字图书馆、数字博物馆、数字艺术馆、非遗文化数字馆等。

要进行完善的文化资源转化，离不开国家的政策和财务支持，需要各事业单位的大力参与，如国内博物馆、文化馆、艺术馆、科研高校等。同时需要鼓励社会方参与其中，提供先进的技术支持，助力文化资源向数字形式转化。

3. 创新设计发展工程

为促进各行业与数字创意产业进行融合，创新设计发展工程旨在挖掘创意、创新设计发展的内在动力，促成工业设计、人文环境建设、文化博物等产业的融合发展。

创新设计发展工程的重点是工业设计领域中的创新设计，其内容不仅包括对创新设计能力的培养，还包括对数字创意产业融合发展的推进，目的在于提升创新设计能力，彰显创新设计的领头作用。《中国制造2025》的十年规划中提出，整个跨行业的数字创意产业形成路径与产业融合息息相关。

三、我国数字创意产业发展的功能

（一）数字创意产业的动力功能

依据相关的国际规范，当一个产业的增加值在 GDP 中的占比超过 5%，就可以将这个产业认定为支柱产业。按照这个标准，文化创意产业作为数字创意产业的重要构成部分和产业基础，根据各城市的产业统计年鉴，北京的文化创意产业增加值最早在 2004 年就已超过 GDP 的 5%，达到 10.10%。到 2007 年，北京、杭州、长沙、南京、深圳 5 个城市的文化创意产业增加值在 GDP 中的占比超过 5%，在 2010 年，上海、广州两个城市的文化创意产业增加值相继超过 5%，即按照相关标准，文化创意产业在这些城市中都成为了城市支柱产业。

作为数字创意产业的前期产业，文化创意产业经过迅猛发展，在城市经济中的地位不断提升，它是城市转型升级、产业结构优化的新动力。

例如，根据北京市往年年鉴，北京市在 1996 年的 GDP 为 1395 亿元，三大产业的结构比例为 0.06∶0.44∶0.5[10]。在"十五"规划期间，北京市产业结构优化转型，第三产业年均增长 12.3%，文化创意产业年均增长高达 15%，文化创意产业在城市产业结构的升级和优化过程中，发挥了重要的推动作用。到 2005 年，北京市三大产业增加值占 GDP 的比例为 0.014∶0.294∶0.692。经过又一个 6 年发展，在 2011 年，北京市的文化创意产业增加值达到 1938.6 亿元，整个文化创意产业的收入超过 9000 亿元，北京市的文化创意产业产值占 GDP 的 12.2%，使得文化创意产业成为北京市第二大支柱性产业，其产值仅次于金融业。

同样地，广州市为了鼓励高端服务业的发展并且优化城市产业结构，提出优先为高端服务业提供新增用地。在 2007 年，广州市的文化创意产业增加值在 GDP 中的占比为 4.7%，经过 3 年发展，到 2010 年，文化创意产业的占比达到 8%，而此时广州市三大产业结构的比例为 0.018∶0.372∶0.61，与国内其他城市相比，广州市第三产业在三大产业中的占比位居全国第二，仅比北京市的占比低，进一步说明作为数字创意产业的前端产业，文化创意产业具有较强的动力功能，能够推动城市第三产业发展[11]。

(二)数字创意产业的融合功能

对于数字创意产业而言，产业所涉及的产品种类繁多，并且在数字创意产业链中，参与的上下游产业也非常多，说明数字创意产业具有极强的复合性和强大的融合功能，能够与其他产业产生关联，融合发展。

各个城市在着力发展数字创意产业时，需要强化数字创意产业的产业链与各环节的关联度，这些环节包括创意制作、创意展示、创意推广等，在这个关联的过程中，要着力发展数字创意产业，扩大产业规模。

除此之外，还应当注重文化创意与高新技术、地方资源的深度融合，将文化创意融入城市建设中，形成独具特色的创意城市，打造别具一格的特色之都。正是为了将文化创意与城市发展相结合，北京、深圳、上海等城市根据城市文化特色和文明底蕴，将自身打造成具有鲜明特色的"创意中心""设计之都""文化名城"。

我国发展数字创意产业，不仅将其与高新技术相结合，还将数字创意产业推向金融资本，把两者进行有机融合，让金融机构参与其中，推动数字创意产业的发展。《2011—2012年中国文化创意产业发展研究分析》指出，在 2011 年，数字创意产业与金融企业的融合发展取得良好的进展，金融机构针对数字创意产业，量身定做了各式各样的金融服务产品，这些产品为数字创意产业注入了资金，也助推了众多数字创意企业上市，提升了企业资本运作能力[12]。不仅如此，数字创意产业还能够与旅游业、餐饮业、地产业、游乐园相融合，一批批数字文化小镇应运而生，一座座创意乐园相继诞生，推动产业共同融合发展。

(三)数字创意产业的竞争力提升功能

数字创意产业在我国城市中的快速发展，一方面推动了城市经济发展，另一方面对城市竞争力能够形成极大的提升作用。一般来说，城市的数字创意产业竞争力与城市综合竞争力存在关联性，两者呈正相关关系。

2002~2009 年《城市竞争力蓝皮书》指出，国内综合竞争力排名前四的城市分别是北京、上海、深圳和广州，而在文化创意产业的增加值排名中，这 4 个城市在 2007~2010 年的增加值也位列前四。

中国人民大学在 2012 年发布了《中国省市文化产业发展指数》，在分析报告中指出，北京、上海、广东、浙江、江苏 5 省(市)在 2011 年中国文化产业竞争力综合指数中排名前五，其文化产业竞争力综合指数分别为 79、76.7、76.5、76.1 和 76.1，而在 2008~2010 年文化创意产业增加值占 GDP 比例的排名中，这 5 个城市也位居前五[13]。

从上述研究可以看出，数字创意产业的发展的确能对城市综合竞争力起到提升功能，还能为城市经济发展注入强大动力，而城市经济的良好发展又为数字创意产业营造良好的发展基础。

第三节 我国数字创意产业发展现状

一、我国数字创意产业发展现状

从 2017 年至今，经过国家政策和市场经济的推动，国内的数字创意产业发展一路向好，并且形成了多元化领域，如数字创意技术装备和创新设计，它们能够对数字创意产业的发展起到基础支撑效果，同时还形成了产业主要发展导向，即文化创意、内容创作、版权利用，并且带动了关联性产业，如影视传媒、动漫游戏、休闲旅游、游乐园、玩偶服饰产业等。

(一)数字创意技术装备和创新设计

数字创意技术装备和创新设计作为我国数字创意产业的基础支撑要素，已经渗透到各个产业之中，成为各行业发展的重要发展动力，数字创意产业也在其影响下发生极大的改变。

1. 数字创意技术装备

近年来数字技术和信息技术不断提升，互联网行业的发展也稳步上升，使得人工智能、大数据、云计算等高新技术也不断进步，这些高新技术，给创意制作和内容设计提供了新的手段和方式，使人们在新技术下养成了新的消费习惯。

数字创意产业依托于 3 类技术，即第一节所阐述的数字创意产业重点发展技术：使能技术、应用技术、终端设备技术。人工智能、超高清、大数据和 VR 是这些技术的典型代表，在数字创意产业发展过程中，它们发挥着极其重要的作用。

人工智能是目前互联网技术的热点，它涉及的领域主要是人脸识别、自然语言处理、机器自主学习等，人工智能经过近几年的发展，正经历由感性智能阶段向认知智能阶段转化的过程。公众最为熟悉的当属人脸识别。据《2017 年中国计算机视觉行业研究报告行业分析报告》显示,在安防人脸分析方面,人脸识别运用广泛,在市场中的占有率超过50%,约为67.9%,人脸识别还被广泛运用到广告推广、金融身份识别、手机人像识别等领域。

在人工智能的机器自主学习领域,得益于数据聚集和数据处理等技术的提升,机器自主学习市场在近几年增长迅速。国际数据公司(IDC)在2018年10月发布《全球半年度认知和人工智能系统支出指南》,该指南对机器自主学习的未来发展进行了预测,认为到2021年,将会有越来越多的数据科技平台提供机器自主学习的服务支持来进行商业和市场分析,并且预测支持机器自主学习的平台将按照13%的复合增长率增长。指南进一步预测,机器自主学习的全球市场有望从2017年的14亿美元经过5年发展,在2022年超过百亿美元,平均每年的增长率达到44.1%。

超高清技术的应用对电子终端市场的刺激作用非常显著,它能够带动消费者的消费欲望,根据智研咨询发布的《2018—2024年中国4K电视行业市场需求预测及投资前景分析报告》,在2017年,我国4K电视机产量达到0.33亿台,在全球4K电视机的生产总量中占42%,报告预测,我国的4K电视入户消费者在2020年将超过3.3亿户,我国将位列世界4K电视消费市场首位。

VR技术可以给使用者提供浸入式的体验感,让使用者身临其境,在VR设备构造的三维动态场景中穿梭自如,VR的发展在2016年迎来顶点,随后由于技术的滞后和体验感参差不齐,导致VR发展受阻,近几年随着VR技术的革新升级,体验感有了明显好转,VR产业又重新迈入稳定增长行列。

2. 创新设计

2015年印发的《中国制造2025》提出,要提升国家创新设计能力,将这一任务上升到国家战略地位。之所以国家如此重视创新设计能力,主要是因为近几年新能源、新材料、生物工程等技术发展日趋成熟,并且外部气候环境问题逐渐增多,地球资源开发严重,全球市场向着多样化和个性化发展,种种因素都在不断推动创新设计价值理念的进化。

工信部在2018年7月印发了《国家工业设计研究院创建工作指南》,旨在构建工业设计创新发展体系,加快建设国家工业设计研究院,从而由国家级工业设计院带动省级工业设计院发展,这一举措代表着国家正式启动国家级工业设计院建设工作,同时也有利于形成设计产业的区域性聚集和周边辐射效应。

(二)数字内容创新

数字创意产业主要包括三大类,即文化创意、内容创作和版权利用,它们是数字内容创新的核心所在。我国在政府颁发的一系列数字创意产业扶持政策以及"文化+""互联网+"等行动计划的促进下,数字创意产业的各领域都取得了较好的发展。2017年我国数字创意产业主要领域的产值如图2-2所示。

1. 文化创意

国家文化部及国家文物局在2016年联合印发了《关于推动文化文物单位文化创意产品开发的若干意见》,意见指出,全国文化创意和设计服务业在2017年的产业规模达到

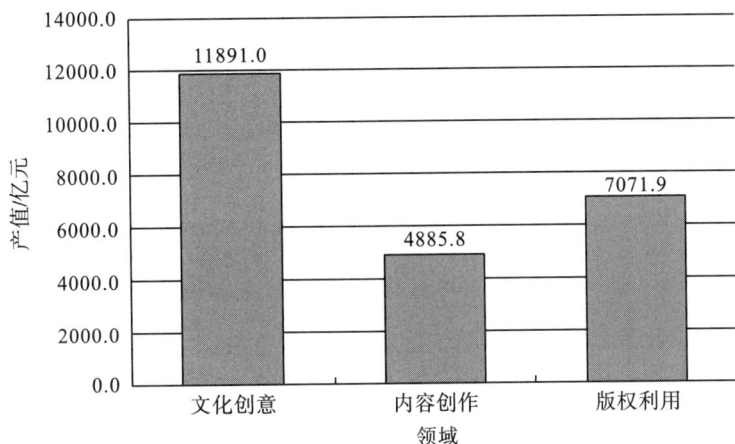

图 2-2 2017 年我国数字创意产业主要领域的产值

1.19 万亿元左右，与 2016 年相比增加了 8.6%，其中文化创意产品销售额超过 10 亿元。一些地方博物馆的文化创意收入也非常乐观，如苏州博物馆实现了 0.14 亿元以上的文化创意收入，而上海博物馆的文化创意收入则更加可观，全年获得了 0.39 亿元左右。

2. 内容创作

内容创作包含网络文学、网络游戏、网络动漫、网络视频、网络音乐。

1) 网络文学

根据《中国网络文学发展报告》(2017 年版)，2017 年，网络文学行业的市场规模保持快速发展的势头，市场规模同比增长 32.1%，达到 127.6 亿元，用户数量同比增加 0.45 亿人左右，总共达到 3.78 亿人，在网民数量中的比例为 48.9%。其中，手机网络文学用户的数量较为庞大，同比增加约 0.40 亿人，总共达到 3.44 亿人，在手机网民总数中的占比为 45.6%。原创内容扶持和听书服务的发展是行业在 2017 年的主要特征变化。

2) 网络游戏

在网络游戏领域，根据中国游戏出版工作委员会(GPC)、伽马数据(CNG)、国际数据公司(IDC)联合发布的《中国游戏产业报告》(2017 年版)，国内网络游戏产业继续保持增长，同期增长 23%，产业产值为 2036.1 亿元，用户规模同比增加约 0.24 亿人，达到 4.42 亿人，人数非常庞大，在网民中有 57.2%的人都进行过网络游戏娱乐；在手机网民用户中，有 54.1%的人进行过手机网络游戏，用户规模为 4.07 亿人，与 2016 年相比，用户规模增加了 0.55 亿人左右。对网络游戏在 2017 年的发展而言，主要有三大变化，其一是游戏玩家对游戏偏好发生了变化；其二是优质游戏能够引起全世界玩家的共鸣，在海外市场依然能够取得成功；其三是网络游戏的行业规范有所提升，有利于网络游戏的健康可持续发展。

3) 网络动漫

《中国在线动漫市场研究报告》(2017 年版)指出，在网络动漫方面，2017 年我国的动漫产业取得了长远的发展，这得益于二次元用户的爆发式增长，给产业提供了大把机遇。该年网络动漫产业的产值在文娱总产值中的占比为 24%，达到 1500 亿元，用户规模同期增加了 14.8%，达到 3.1 亿人。除此之外，不仅专业动漫制作商在进行动漫制作，连视频播放平台，如爱奇艺、优酷等视频平台，也开始进行自制动漫的开发，在 2017 年，由视频平台出品的动漫作品有 21 部，播放次数达 57 亿次，极大地推动了国内动漫市场的发展。在众多动漫中，儿童动漫依然是主力军，在动漫播放量中占据半壁江山，虽然市场整体较好，但是产品的播放量较为分散，并没有较多地形成优质产品，因为亿级播放量以上的动漫作品仍是少数。

4）网络视频

在网络视频方面，2018 年中国互联网络信息中心（CNNIC）发布了第 41 次《中国互联网络发展状况统计报告》，报告表明，2017 年网络视频平台的战略核心是数字内容与高质量的自制内容，网络视频的行业规模达到 900 亿元以上，与 2016 年相比增长了 48.4%，且用户数量突破 5.79 亿人次，在网民总体量中所占的比例为 75%，同比 2016 年增加了 3437 万人次。在手机网络视频方面，用户数量超过 5.49 亿人次，在手机网民体量中的比例为 72.9%，同比 2016 年增长 4870 万人次。报告进一步作出预测，预计 2020 年网络视频整体市场规模将会突破 2000 亿元大关。2017 年网络视频的主要发展变化为网络视频制作商主动与动漫、游戏等业态合作，共同开发，向市场展示了互联网生态下的协同发展能力和巨大的商业市场价值。

5）网络音乐

在网络音乐方面，《中国音乐产业发展总报告》（2017 年版）指出，2017 年国内该方面行业格局初步确立，网络音乐的规模达 580.6 亿元，相比 2016 年增长约 10%，用户规模突破 5.48 亿人次，在网民总体量中的占比为 71.0%，相比 2016 年，增长人数为 0.45 亿人左右；而在手机网络音乐方面，使用人数比 2006 年增加了 0.44 亿人左右，总体使用规模约 5.12 亿人，在手机网民总体量中的占比为 68.0%。国家版权局于 2015 年 7 月发布的《关于责令网络音乐服务商停止未经授权传播音乐作品的通知》指出，我国数字网络音乐产业经历了长时间的免费和盗版时代之后，终于迎来了相对规范的版权管理时代，数字网络音乐的用户付费收入达到 10 亿元，并且数据仍在成倍增长。

2017 年我国数字创意产业内容创作领域的产值见图 2-3。

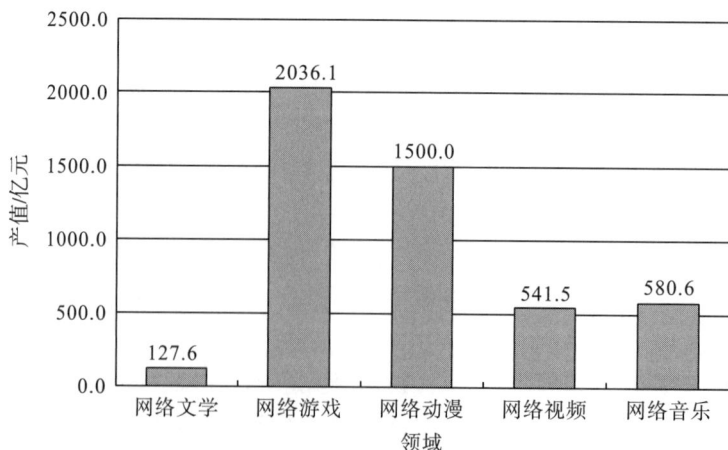

图 2-3　2017 年我国数字创意产业内容创作领域的产值

3. 版权利用

《2017—2018 中国数字出版产业年度报告》对版权利用下的分支领域产值进行了详细的阐述,报告指出,我国的数字出版产业取得了长远的进步,国内数字出版产业于 2017 年总体收入突破 7071.9 亿元,其中博客类应用收入达到 77.1 亿元,电子书达到 54.0 亿元,数字报纸(不含手机报)达到 8.6 亿元,互联网期刊达到 20.1 亿元,网络游戏达到 884.9 亿元,在线音乐达到 85.0 亿元,网络动漫达到 178.9 亿元,在线教育达到 1010.0 亿元,移动出版(包含移动阅读、移动音乐、移动游戏等)达到 1796.3 亿元,互联网广告达到 2957.0 亿元。2017 年我国数字创意产业版权利用领域的产值如图 2-4 所示。

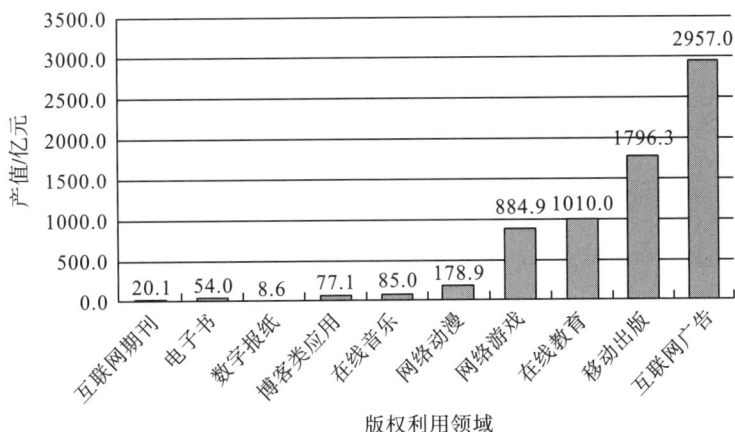

图 2-4 2017 年我国数字创意产业版权利用领域的产值

(三)数字创意产业的周边领域

国内众多产业领域中可见数字创意产业的渗透和扩散,这些产业主要包括 VR/AR 业、人居环境设计业、时尚服饰业、设计业、动漫与游戏业、视觉与传媒业、数字出版业、玩具业等。文化部于 2017 年 4 月下发了《关于推动数字文化产业创新发展的指导意见》,指出国家大力支持并鼓励数字文化产业的发展,这对数字创意产业的繁荣发展起到了极大的推动作用。同年,我国影视与传媒业市场体量约达 1.90 万亿元,设计业为 0.12 万亿元,玩具业为 607 亿元,时尚服饰业约为 0.50 万亿元,旅游业为 5.4 万亿元,动漫与游戏业为 0.35 万亿元,文化与博物业为 340.5 亿元,VR/AR 业为 160 亿元,数字出版业为 0.71 万亿元,人居环境设计业为 141 亿元,体育与健康业为 8.42 万亿元左右(其中,体育产业为 2.20 万亿元,健康产业约为 6.22 万亿元)。数字创意产业在国家的政策和财政支持下蓬勃发展,势不可挡,为国家新兴产业经济和社会发展发挥着积极作用的同时创造着产业价值。2017 年我国部分数字创意产业产值细分如图 2-5 所示。

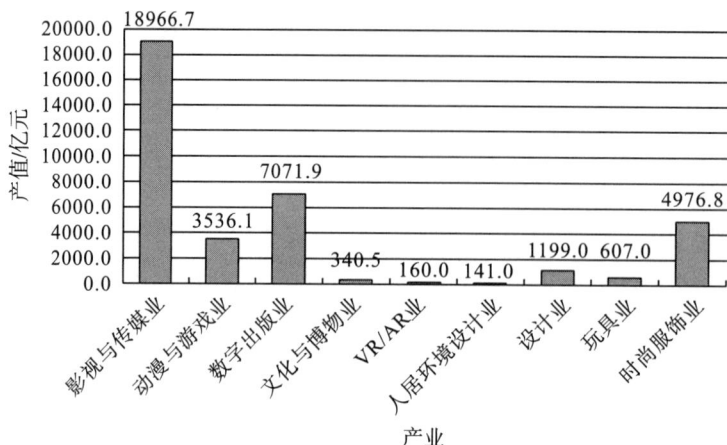

图 2-5　2017 年我国数字创意产业产值细分

二、数字创意产业现阶段面临的问题

（一）较为单一的数字创意内容和形式

目前网络文学、影像作品、动漫动画的原创机构平台作为国内数字创意产业的产业链上端资源，然而在数字内容创造领域仍有待发展，主要表现在以下两个方面：①相比已经具备成熟原创设计水平的企业或平台，数字创意内容原创水平参差不齐，规模较小，原创内容少的企业或平台由于抵御风险的能力较弱，容易在市场的优胜劣汰中被淘汰；②优秀文化资源利用转化能力亟待提高，中华文明浩瀚无边，几千年来沉淀了大量的文化底蕴，然而文物、艺术构件、非物质文化遗产及地方特色文化遗产等传统资源的利用转化率却不高，如果在数字创意产业中融入中华文化创意特色，利用网络传播富有历史文明的民间文化和传统文化，这个产业的发展将不容小觑。

（二）产权保护亟待完善

数字创意产业中知识产权保护是一个重要的课题。然而，在目前国家知识产权保护还需完善的情况下，侵权现象是企业发展的绊脚石。盗版在该产业中仍旧屡见不鲜，网络著作版权秩序混乱对数字创意产业的市场规范化带来严重的影响。

（三）数字创意产业园过度扩张、同化严重

随着新兴产业的规划与发展，政府相应部门纷纷出台配套措施以支持和鼓励地方企业引入金融资本。数字创意产业园区在全国范围内已突破 2500 家。除此之外，国家文化主管部门还逐步批准 20 家国家级文化产业示范园区和 335 家产业示范基地。但在这庞大的数量背后，有许多问题需要引起高度重视，如由于大量的重复建设，导致许多数字创意产业园千篇一律，缺乏个体差异，使得部分区域的行业环境混乱不堪，产业园的同质化也导致其承担的领域分工不清晰、对自身定位不明确等问题。同时，难以盈利也是地方园区企业面临的挑战，它们大部分只能靠政府的补贴来维持企业的运转[14]。

三、我国数字创意产业发展前景

在各国国民经济中，数字创意产业发展势头迅猛并且所占比重逐年增长，逐渐成为新兴产业中的重要支柱之一。"十三五"规划对数字创意产业进行全面规划与战略部署，主要涉及 4 个方面：数字创意技术装备、创新设计水平、数字内容创新、产业融合发展。该规划还指出，到 2020 年，该产业的整体布局和发展路径应该是文化领头、技术顶尖、产业链完善，推动数字创意产业的产值规模突破 8 万亿元。关键领域发展方向和总体发展路径对数字创意产业的发展前景有重要影响，以下对其进行阐述。

（一）关键领域发展方向

在历史长河中，以美国为代表的西方发达国家经过多年的产业发展，积累了大量的资本优势、市场优势、技术优势、版权优势，这些优势使得他们在传统产业中占据核心位置并且获得高额的附加值，然而以我国为代表的发展中国家，在产品的生产全过程中承担了大量的制造任务，但得到的价值分配却微不足道[15]，所以，数字创意产业的技术配置、创新设计水平、数字内容的创新需要得到发展，以实现赋能关联新兴产业领域，实现产业间的融合互推式发展。

确切而言，数字创意产业的技术配置需要新一代人工智能技术为该产业提供价值链，借助沉浸式技术提高创造性体验，通过区块链技术助力产业发展，依靠平台经济改变内容生成和用户的消费方式，在发展中将科技创新的变革投入到技术配置上[16]。

创新设计水平意味着凭借其先进的理念对该产业的各方各面进行大力的提升，主要涉及技术装备创新、数字内容的国际竞争力及十一大相关产业领域转型升级。数字内容创新离不开文化创意、内容创作、版权利用 3 个方面，齐头并进的还有原创设计和核心专利，这是提升核心内容领域创新能力及产业竞争力的核心目标。

利用数字信息技术和顶尖创意理念对数字创意产业等进行推动，把产业推向特色化、智能化、融合化等发展方向，进一步形成多业态联动、多产业融合发展的格局。

（二）总体发展路径

国家和区域发展战略是数字创意产业的重要推力，如"一带一路"、创新驱动、文化强国等国家战略布局，以及大湾区、津京冀经济圈、长江经济带、南海自贸区等区域发展战略。同时，为协调科学技术、创新设计、数字内容的同步发展而借助多向驱动的发展路径。据国家统计局公布的文化产业数据，2017 年数字创意产业产值增加了 3.5462 万亿元，在 GDP 中的占比为 4.29%，继而在全国产业结构中向国民经济支柱性产业阔步迈进，数字创意产业的发展前景值得期待[17]。

因此，国家根据我国发展现状和长远规划，面向 2035 年的数字创意产业，制定了"三步走"的发展目标。第一步：2020～2025 年，该产业在这一阶段实现快速增长，取得重大突破，实现部分细分领域发展水平达到世界普遍水平；第二步：2025～2030 年，整体产业水平应与世界相关产业水平持平，部分细分领域达到世界先进水平；第三步：2030～2035 年，我国应成为世界主要的数字创意产业中心。

波士顿咨询公司(BCG)通过 e-GDP 指标及货币价值量化数字经济整体规模，对2015～2035 年我国数字经济的规模进行测算，并发布了《迈向 2035：4 亿数字经济就业的未来》报告，估计我国整体数字经济规模将于 2035 年突破 108.3 万亿元人民币(约合 16万亿美元)，如图 2-6 所示，数字经济渗透率高达 48%，总就业容量实现 4.15 亿元。作为数字经济中创意经济的分支，数字创意经济的发展趋势和数字经济密不可分，并且涵盖了十余个产业中的数字化和创意化。"十三五"规划指出，到 2020 年，数字创意产业的产值体量突破 8 万亿元。以上产业发展演变的基础是"产业生命周期理论"，包括萌芽期、成长期、成熟期、衰退期。作为战略性新兴产业，数字创意产业从 2020～2035 年处于萌芽期发展为成长期阶段，拥有广阔的发展空间，并且发展前景有极大可能优于数字经济，也就是产值高于图 2-6 中的预期数据。

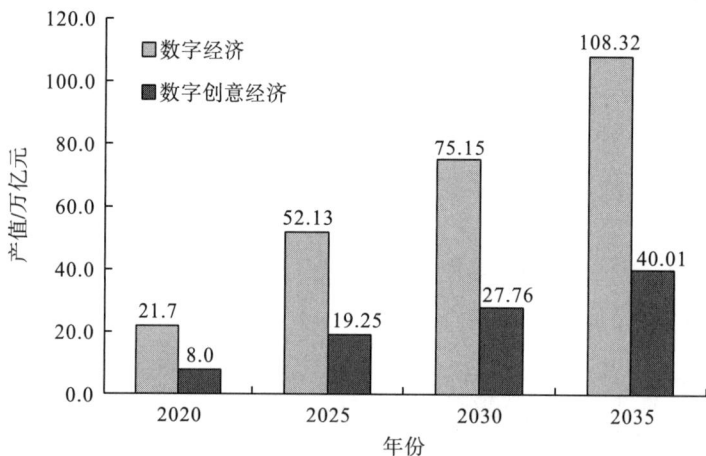

图 2-6　2020～2035 年数字创意产业发展路线图

第四节　智慧城市+数字创意产业协同创新发展

协同创新的本质特征是管理创新，其定义为多主体为实现共同目标而进行的一种多要素协调与同步的创新行为。数字创意产业创新的关键在于开发有效的内容交付渠道和开发原创内容[18]。

协同创新作为重要举措，关键步骤和重大部署在各方面发挥着不容小觑的作用。例如，对科学发展观进行深入贯彻，是对中长期科技发展规划纲要进行落实的具体举措，能够提高国家的自主创新能力，促进科技与经济融合，深化科技体制改革，完善科技管理体制，完善国家创新体系。因此，进行协同创新是转变政府职能，发挥市场经济下我国体制优势的重要举措。

云计算是智慧城市的核心所在，认清云计算服务对于数字创意协同创新及企业创新绩效的作用，有利于制定切实可行的创新政策，对推动数字创意产业的自主创新进程，具有重要现实意义。

一、智慧城市的核心——云计算服务

无所不能的云计算是智慧城市的智慧之源。对信息深层次处理和保持应用的开放性、易用性和交互性是智慧城市中"智慧"的核心所在，它需要具备信息深度处理能力、处理平台和处理软件。构建智慧城市一体化智能控制服务平台，需具备以下功能：处理城市各方面的生活、生产活动及环境的感知数据；运用统计学、智能学习、专家系统和自动规划等方法；在原始数据中挖掘相关信息；提取信息中涵盖的知识，挖掘规律，提供城市的智能管理、控制和服务；快速处理海量信息；挖掘巨大的数据存储能力。而云计算能够通过 IaaS、PaaS 和 SaaS 提供此类服务[19,20]。很显然，对智慧城市而言，云计算是重要的信息基础设施，是智慧应用和服务的发生器。云计算层的构成如图 2-7 所示。

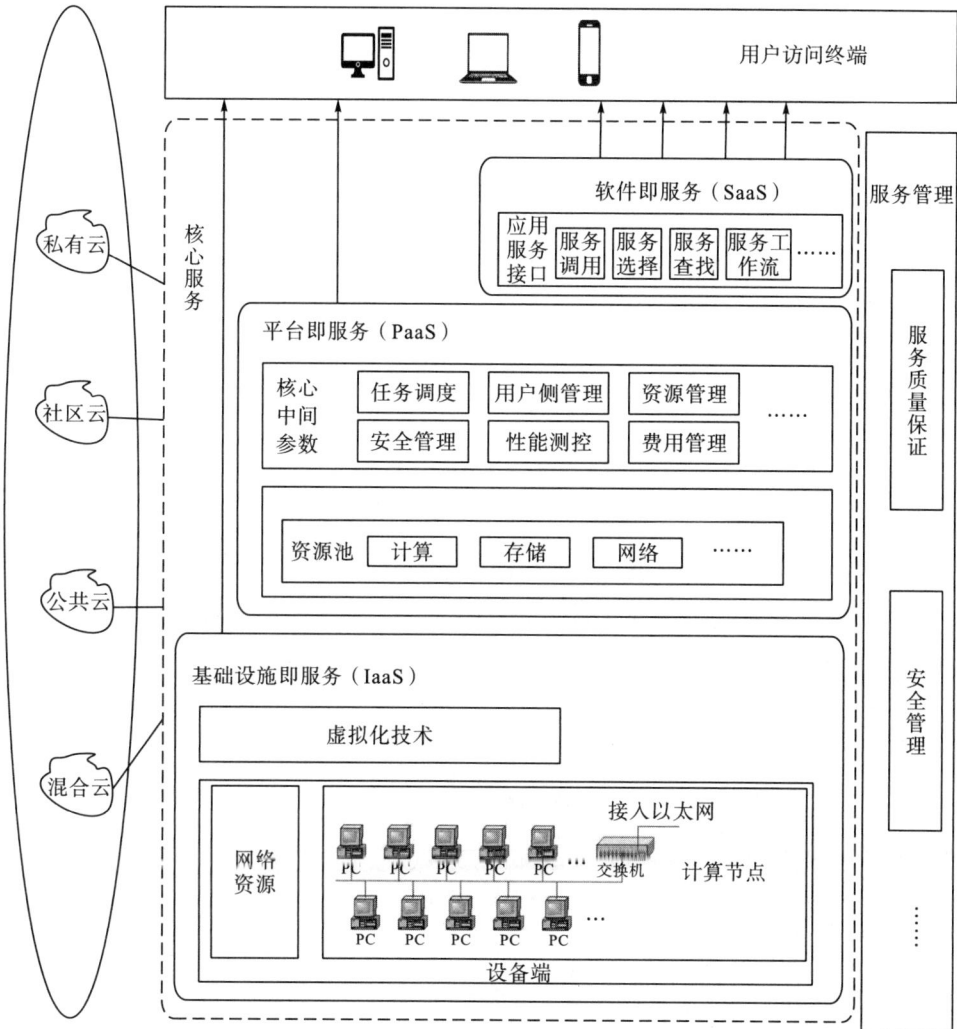

图 2-7 云计算层的构成

根据云计算服务的相关概念和理论，云计算服务主要是由云计算服务安全能力、云计算服务支持度、云计算服务质量、云计算服务基础设施能力和云计算服务技术能力 5 部分构成[21]。

云计算服务安全能力是指在云计算的应用过程中，其私密性能否得到保障，以及抵御 DDOS、CC 等恶意攻击的能力，在信息传递的过程中具备较高水平的安全性，不会产生数据泄露等安全问题。

云计算服务支持度是指政府机构等对于云计算的支持程度，包括对云计算进行推广的力度，将云计算运用于实际问题中的支持度，主要体现在政府制定相关推动性政策和法规方面。

云计算服务质量是指云计算服务的质量高低，主要包括用户方需求与感知的服务质量及供应商提供服务质量的能力和实现服务质量的能力。

云计算服务基础设施能力是指其基础设施中 3 类组件的水平，这 3 类组件为计算、网络、存储。计算是执行云系统的基本计算，由虚拟化而实现移动实例。而在网络方面，通常是商用硬件运行某种软件定义网络(SDN)软件来管理云连接。存储通常是指硬盘和闪存存储的组合，实现公共云和私有云之间数据的来回移动。

云计算服务技术能力是指云计算在提供服务的过程中，其技术水平的高低，对于云计算的使用广泛性有较大影响，直接决定着能否合理运用云计算来克服企业亟须解决的实际问题。

二、数字创意产业的协同创新能力及其集群协同创新系统

(一)数字创意产业协同创新能力

数字创意产业协同创新能力是一种将外界创意源，如受众群体、上游和下游产业链、高校和科研单位的创意内容及设计转化形成自身独特创意产品和服务的能力。同时，根据创新内容的差异性可以把创新能力划分为产品创新、工艺创新、科学研究和美学策划；协同创新过程也可以划分为 3 个阶段，包括信息收集、创意获取、创造性加工应用[22]。数字内容的创意和设计则是数字创意产业的核心竞争力所在。

从数字创意产业协同创新过程的视角，以下将该产业协同创新能力分为数字创意获取能力、数字创意融合能力和数字创意运用及创新能力，如图 2-8 所示。

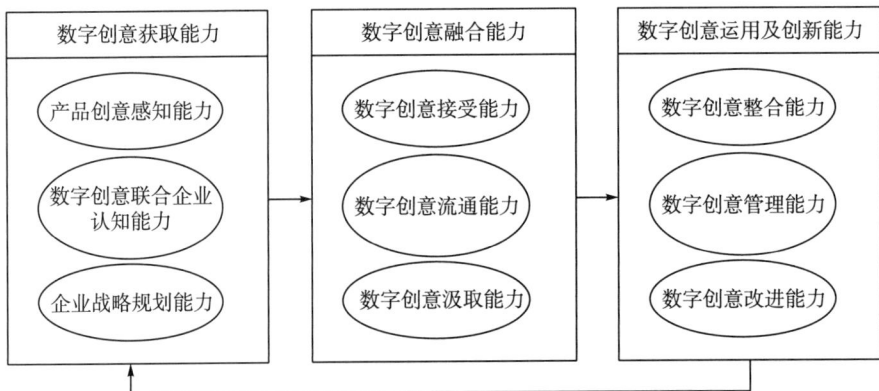

图 2-8   数字创意产业协同创新能力

1. 数字创意获取能力

数字创意企业需要一定的途径获取创意，这些途径包括高等院校、中介单位、科研组织等，企业从他们身上对产品创意进行认知和学习，并且进行产品创意的互换，这样的能力称为数字创意获取能力。

创意获取能力主要包含产品创意感知能力、数字创意联合企业认知能力和企业战略规划能力3个能力。

(1)产品创意感知能力是指通过各种途径寻找能够提供具有鲜明特色或互通互补资源的潜在数字创意内容合作伙伴的能力。

(2)数字创意联合企业认知能力是指对数字创意企业进行评估，判断其是否能够胜任合伙人位置的认知能力。

(3)企业战略规划能力是指企业对自身在数字内容产业领域创新系统中的地位、长期发展进行规划的能力。

2. 数字创意融合能力

产业集群通过汲取和借鉴产业链中上游和下游公司的创新效益，继而补充并适应创新机制的运营能力需求。数字创意融合能力是指数字创意公司整合产业链上游和下游的创意内容，进而发展自己的产品创意及丰富创意库的能力，包括数字创意接受能力、数字创意流通能力和数字创意汲取能力。

(1)数字创意接受能力是指数字创意企业内化外部知识的同时尽最大力度保留创意价值的能力。

(2)数字创意流通能力是指数字创意企业内部经过紧密的交流和协作，各部门各要素能够有效融合创意源的内容创意的能力。

(3)数字创意汲取能力是指企业从外部合作人的数字创意内容中汲取创意，并把它吸收到企业自身创意库的能力。

3. 数字创意运用及创新能力

数字创意运用及创新能力是指数字创意企业转化吸收内容创意而使之成为自身创意产品的有机元素，同时运用至产品发展创新的过程之中，进而达到数字创意产品创新增量和创造新价值的能力，包括数字创意整合能力、数字创意管理能力和数字创意提升能力。

(1)数字创意整合能力是指整合吸收数字创意产业的产品创意和企业经验及其内容的能力。

(2)数字创意管理能力是指数字创意企业对整合成功的创意实现把控、版权保护及深挖精华内容的能力。

(3)数字创意改进能力是指数字创意企业将整合产生的新数字产品创意不断改进，对产品服务不断完善的能力。

(二)数字创意产业集群协同创新系统

1. 区域产业协同创新系统

安索夫在1965年出版的《公司战略》中第一次对协同进行定义,他把协同定义为两个企业不但可以共享资源,而且在开发资源的同时,两个企业形成互相推动、共同发展的关系[23]。而区域产业协同创新系统,在特定区域内,以协同创新的产业发展为主导模式,以高校和科研机构为知识源头,以产业集群为中枢主体,以中介机构为枢纽,并且受政府宏观调控影响[24]。协同创新效应中所体现的系统运行特点是以正式和非正式的方式推动集群内的知识创造、存储、转移和运用的各类活动与相互关系,最终该系统的运转成果就是创作大量的创意创新作品。

2. 数字创意产业集群协同创新系统

数字创意产业集群协同创新系统(图2-9)由3个子系统构成,分别是创新主体子系统、创新支撑子系统和创新环境子系统。

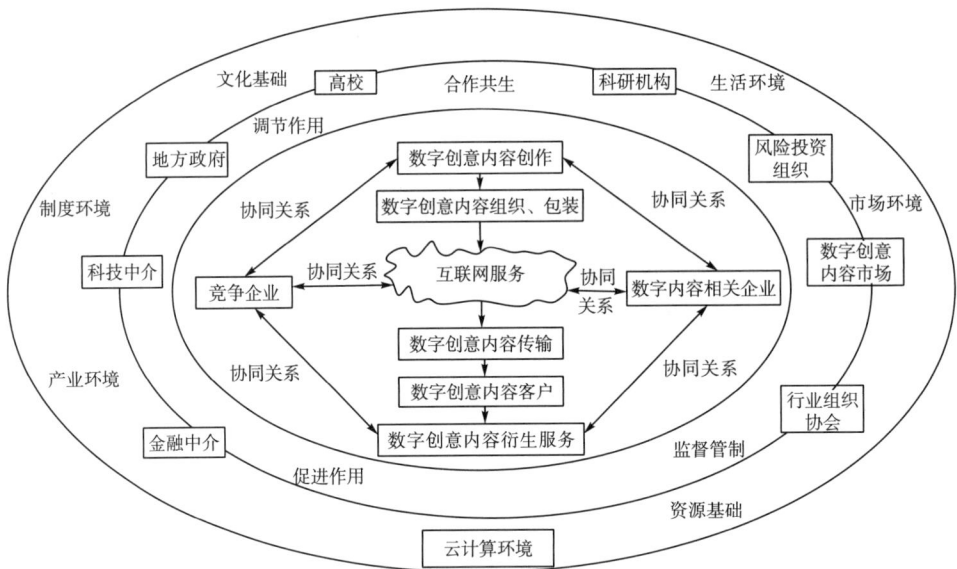

图2-9　数字创意产业集群协同创新系统

(1)直接从事产品和创新活动的数字创意内容核心企业及各类相关企业组成创新主体子系统。创新主体子系统主要包括数字创意内容竞争方、数字创意内容消费者、数字创意内容制作企业和第三方企业(如网络运营商、融合平台等)4个主体。这些领域的企业借助产业链、价值链、竞争合作或其他协同合作模式实现联动。

(2)创新支撑子系统主要的组成部分包括当地政府、中介机构、科研机构及市场机构等。其中,中介机构主要是指提供技术或渠道支持的组织,如技术中介和行业协会等;科研机构是指高等院校、研究所、教育培养机构等;市场机构包括金融机构、投资平台等。它们共同为创新主体子系统提供技术支持和资金投入。

（3）创新环境子系统是指数字创意产业集群创新系统所在区域和行业的宏观环境，包括数字创意产业市场环境、社会文化环境、硬件基础设施等。市场环境主要包括产品消费者，他们对产品的喜好或消费欲望对产品推广有重要影响；社会文化环境是指整个社会的创新氛围、科技发展环境等；硬件基础设施包括互联网基站、数据库基础设施、信息技术基础设施等。

三、协同创新发展的途径分析

智慧城市的建设背景，为培育新兴的数字创意产品开辟了新天地。作为智慧城市的重要元素，云计算、智能网、传感网、物联网等信息技术以智能化、互联化、感知化的方式为许多创意形式提供了强有力的支撑。为了构建覆盖面广、传输速度快、互联互通的文化传播系统，除需要广泛运用高科技以外，更需要实现系统集成的智能化、数字化、网络化，要实现这些，离不开智慧城市的建设。因此在智慧城市的背景下，要充分依托智慧城市所涵盖的核心技术，从而稳步提升数字创意产业的协同创新能力。

1. 强化数字创意的云聚合服务，提升数字创意产业协同创新能力

云聚合是指基于云计算服务，以用户服务为中心，结合现有的运营平台和技术手段，为了目标市场而整合内外部资源，从而形成以消费者、商家、第三方共同参与并且共同创造价值的数字化商业模式。

云计算服务能力在数字创意产业的数字创意获取能力、数字创意融合能力、数字创意及创新能力运用中，发挥着积极的正向推动作用。也就是说，数字创意产业应当借助云计算服务平台，提高信息和知识的流动性及转化率，加快内化速度，以此来提升数字创意产业的协同创新能力和创新绩效。

数字创意企业需要吸收并加强数字创意云聚合服务理念，及时抓住协同合作创新的机会，与此同时还要充分认识到协同创新的必要性，把握协同创新的作用机制并应用到数字创意产业的发展中。数字创意企业不能忽略云计算给数字创意产业带来的重要机遇，企业应当积极搭建基于公众服务的数字创意云聚合平台，如云视听、云出版等，进而推动数字创意的云聚合和云共享服务，即跨行业融合发展、跨区域联动、跨网络交互、跨屏幕呈现、跨平台互通。

2. 完善数字创意产业云服务平台及其基础设施建设

推动数字内容产业协同创新的关键要素是数字创意云计算服务平台和云计算服务基础设施。

在国家主导下，省市级政府间应当牵头提供渠道，促进数字创意企业、高校和科研机构之间的深入合作，共同打造多样化的创意云服务平台，从而实现数字创意产业的多元化、个性化发展。作为数字创意产业协同创新过程的直接影响因素，数字创意产业云服务平台建设，能够有效聚集区域内离散化的数字创新资源，有利于形成高效、迅捷、开放的数字内容产业聚集地。

与此同时，提升数字创意产业协同创新的根本保证是加大云计算服务基础设施建设力

度,如果区域间的云计算服务平台实现联合开发和建设,那么就能有效降低重复建设成本,从而降低数字创意产业的生产、经营、开发、交易成本,这对数字创意企业的协作分工有着积极的影响。

3. 提高数字创意产业的创意融合能力和运用及创新能力

首先,数字创意融合能力在数字创意企业的协同创新中发挥着重要作用。从消费者、供应商、竞争者、高校与科研机构等外部知识源获取合理建议后能够及时实施,有利于快速高效地了解这些知识源的相关知识技术,同时具备把知识技术融入数字创意中的能力,实现数字创意企业创新绩效的提高。

其次,数字创意公司在协同发展的过程中要鉴别问题并且制定针对性举措,及时解决问题并且总结经验教训,避免再次出现类似问题。集群内的企业应该充分探索和开发创新网络价值,拓宽和强化与上下游企业、客户、科研机构、政府部门、中介机构等的联动关系,激发数字创意企业的创新潜力。此外,政府的云服务政策指引为数字创意产业协同创新提供路径导向,地方政府需要设立专管部门来协调数字创意企业之间、企业与政府之间、企业与中介机构之间的交流互动,从而促进该产业的协同创新发展。

本 章 小 结

本章旨在对国内数字创意产业的发展背景和发展现状进行介绍。

首先,对发展背景进行阐述,在上一章介绍数字创意产业和世界典型国家发展情况的基础上,从政策背景、经济背景及与智慧城市相结合的智慧城市-数字创意生态背景 3 个方面对数字创意产业的发展背景进行了介绍。

其次,在前述背景的基础上,提出数字创意产业的发展目标、动力及功能,发展目标即 2020 年我国的数字创意产业领域在国际上处于领先地位,以数字文化创意技术装备创新提升工程、数字内容创新发展工程、创新设计发展工程作为数字创意产业的发展动力,并进一步指出,在数字创意产业发展过程中,还要充分发挥数字创意产业的功能,即动力功能、与多产业相协同发展的融合功能、促进城市经济发展的城市竞争力提升功能。

再次,分析国内数字创意产业的发展现状,提出现阶段面临的挑战及对未来的展望,指出该产业在发展中所面临的问题,如内容及形式的单一化,为后续章节中用户迁移的影响因素指标构建提供参考,同时阐述该产业所涵盖的领域,以及在各领域下的发展方向和总体发展路径。

最后,根据智慧城市-数字创意生态背景,将智慧城市的核心要素,即云计算服务引入智慧城市-数字创意产业的协同创新发展中,构建在智慧城市背景下,以云计算与数字创意产业相结合的集群协同创新系统,并对协同创新发展的途径进行分析,以便更好地将智慧城市与数字创意产业相结合,以智慧城市推动数字创意产业发展,而数字创意产业又重塑智慧城市建设,两者相互促进、协同发展。

本章内容是对相关概念和背景的介绍,使读者能够加深对数字创意产业的认识。结合数字创意产业和数字创意产品的特征,有利于后续章节对消费者在数字创意产品方面的需求进行分析研究,有利于用户迁移研究部分针对性地选取影响因素指标,有利于在开展产品扩散研究时对研究对象进行甄选和界定,针对性地提出研究假设及研究结论,从而制定促进数字创意产业发展的相关举措。

参 考 文 献

[1]孟宇. 数字创意产业发展探析[J]. 西北广播电视, 2017(22): 17.

[2]霍金斯. 创意生态: 思考在这里是真正的职业[M]. 林海, 译. 北京: 北京联合出版公司, 2011.

[3]厉无畏. 创意产业: 转变经济发展方式的策动力[M]. 上海: 上海社会科学出版社, 2008.

[4]理查德·佛罗里达. 创意阶层的崛起: 关于一个新阶层和城市的未来[M]. 司徒爱勤, 译. 北京: 中信出版社, 2010.

[5]邓文君. 数字时代法国文化创意产业的创意环境构建研究[J]. 深圳大学学报(人文社会科学版), 2014(06): 141.

[6]查尔斯·兰德利. 创意城市: 如何打造都市创意生活圈[M]. 杨幼兰, 译. 北京: 清华大学出版社, 2009: 200.

[7]徐代鸿. 新加坡智慧国建设的经验与启示[J]. 科学观察, 2012(04): 59.

[8]陈柳钦. 智慧城市: 全球城市发展新热点[J]. 青岛科技大学学报(社会科学版), 2011, 27(01): 8-16.

[9]花建. 软权力之争: 全球化视野下的文化竞争潮流[M]. 上海: 上海社会科学院出版社, 2001.

[10]高宏存. 文化创意产业催生北京城市空间新布局[J]. 学术探索, 2010, (5): 31-34.

[11]钟韵, 刘东东. 文化创意产业集聚区效益的定性分析: 以广州市为例[J]. 城市问题, 2012(9): 97-100.

[12]赛迪顾问. 2011—2012年中国文化创意产业发展研究分析[J/OL]. http://www.ccidconsulting.com, 2012.

[13]刘友金, 胡黎明, 赵瑞霞. 创意产业与城市发展的互动关系及其耦合演化过程研究[J]. 中国软科学, 2009(1): 151-158.

[14]王博, 张刚. 中国数字创意产业发展研究——基于产业链视角[J]. 中国物价, 2018(03): 25-27.

[15]臧志彭. 数字创意产业全球价值链: 世界格局审视与中国重构策略[J]. 中国科技论坛, 2018(7): 64-73.

[16]中国工程科技发展战略研究院. 2019中国战略性新兴产业发展报告[M]. 北京: 科学出版社, 2018.

[17]杨小伟. 数字中国建设发展报告[M]. 北京: 国家互联网信息办公室, 2017.

[18]Wang B, Cai H B. Connotation, definition and international comparison of digital content industry[J]. Finance&Trade Economics, 2010(2): 110-116.

[19]陆伟良, 周海新, 陈长川. 感知智慧城市概论[J]. 江苏建筑, 2012(5): 104-110.

[20]汪芳, 张云勇, 房秉毅. 物联网、云计算构造智慧城市信息系统[J]. 移动通信, 2011(15): 49-53.

[21]叶世绮, 赵喆, 王辉. 基于CMM/CMMI的云计算能力评价[J]. 计算机应用研究, 2012, 29(1): 107-111.

[22]高伟, 缪协兴, 吕涛, 等. 基于区际产业联动的协同创新过程研究[J]. 科学学研究, 2012, 30(5): 175-185, 212.

[23]Ansoff H. Corporate strategy, revised edition[M]. New York: McGraw Hill Book Company, 1987.

[24]王国红, 邢蕊, 唐丽艳. 区域产业集成创新系统的协同演化研究[J]. 科学学与科学技术管理, 2012, 33(2): 74-81.

第三章　国内外数字创意产业及消费者
用户迁移研究现状

第一节　国内外数字创意产业研究现状

一、国外数字创意产业研究现状

文化创意产业与现代信息技术结合形成数字创意产业这一新业态,作为战略性新兴产业,数字创意产业通过数字化的形式体现文化内涵,可以有效地推动传统产业(如制造业、旅游业和设计服务业)的不断融合、渗透与发展,是可以在未来产业竞争中获得优势的关键领域。数字创意产业无论是在发达国家还是在发展中国家,都是作为国家经济发展的重要推动力。

虽然数字创意产业自提出之日至今发展不久,但其已广泛应用于生活中的各个领域,目前各国对数字创意产业的定义、概念尚未统一。联合国贸易和发展会议(UNCTAD)对数字创意产业具备的特征概述如下:数字创意产业的关键要素为创造力和智力资本,两大关键要素渗透产品和服务的构思设计、生产创造和市场营销活动。数字创意产业不仅包含具有创造性内容的有形产品,同时包括具有市场经济价值的无形的智力服务产品,其侧重于数字技术和创意内容但不局限于这两者,属于国际贸易中较为活跃的新兴产业。

作为世界领先的文化创意大国,英国将数字创意产业归为文化创意产业,英国创意产业特别工作组最早对创意产业作出界定,认为创意产业的核心要素为创意人才及创意才华的使用,辅以知识产权的包装,创意产业是能够进行财富创造并具有巨大市场前景的行业[1]。美国的约翰·奈斯比特认为创意的核心关键来源于创新,包括新事物的诞生和对既有事物进行创新,从而给予其新活力[2]。同时他指出创意并不是直接与经济相关,创意具有经济价值的基础与前提在于创意产生了具有市场价值、经济意义的创意产品。约翰·霍金斯(John Hawkins)在其专著 *The Creative Economy* 中从创意经济的角度,定义创意产业为一种经济部门,其产品受知识产权法的保护。这里知识产权主要包括 4 个部分,分别为版权、专利、商标和设计。每一个部门之间相互独立,拥有自己的法律实体和管理机构,以达到保护不同种类的创意产品的目的[3]。约翰·霍金斯认为各领域内的技术研发活动,只要是包含了新产品、新工艺开发特征的科技园区都应纳入创意产业的范畴,他把创意产业的内涵加以拓展,丰富了创意产业产品的种类。他对创意产业的扩展定义一方面有效地对创意产业部门进行了界定,另一方面巧妙地避开了怎样去判断某种产业是否具备创新特性这一潜在难题。

美国的数字创意产业以电影、娱乐、艺术为主导。美国哈佛大学理查德·凯夫斯教授在其撰写的《创意产业经济学：艺术的商业之道》中认为数字创意产业具有极大的经济价值，产业的创新性及创造性表明其提供的产品与服务需尽可能地满足消费者的心理需求，与社会公众的文化、精神紧密联系。他进一步深入研究了数字创意产业的各种组织形式。理查德·凯夫斯认为，数字创意产业的兴起和发展不仅符合当代经济全球化、文化多样化的发展背景，而且更好地反映了新的国际发展格局及方向[4]。

相比美、英等发达国家而言，数字创意产业在日本与韩国的研究发展时间较晚，但发展迅速。日本作为全球动漫产业的领头羊，是世界上最大的动漫内容制造和输出国。日本将动漫游戏业作为数字创意产业的支柱产业，并制定相关战略推动其发展，战略强调将日本本土文化习俗融入文化创意、动漫等内容中，或者将数字创意产业与旅游业、制造业等传统产业进行融合发展，从而推动日本文化向海外输出。韩国作为新兴工业化国家，非常注重创意产业的发展和拓展，韩国数字创意产业涵盖范围广，涉及行业众多，辐射了音乐、游戏、电影动漫、广告等传媒产业及出版、设计、知识信息、内容解决方案等实体产业。

综上所述，虽然各国对数字创意产业的定义不尽相同，英国称之为文化创意产业，美国称之为版权产业，日韩称之为数字内容产业，各国对数字创意产业的侧重点虽不同，但都取得了可观的发展成就，并形成了各有特色且相对完善的产业链体系。发达国家数字创意产业的发展为我国数字创意产业的发展提供了借鉴和参考。结合各国产业发展经验，我国应该探索各国发展差异点，找到具有中国特色的数字创意产业发展特点，寻求突破点，把握发展机遇，实现突破点重点发展，同时推动数字创意产业集群式发展，形成产业链完整的数字创意产业发展格局。

二、国内数字创意产业研究现状

我国数字创意产业的概念有别于其他国家，大多数学者对数字创意产业的界定如下：数字创新与内容创意深入融合，并能够发挥巨大能量的新兴产业。金元浦认为文化产业向数字创意产业发展已经成为时代的主流[5]。他在《当代世界创意产业的概念及其特征》中对于目前数字创意产业概念的界定具有重要意义，该书以创意产业兴起时间为节点，将英美国家对于数字创意产业的概念及特性进行了解分析。薛晓东和谢梅定义数字创意产业为相关企业大多为数字技术型和知识密集型企业，依托于数字技术，提供的产品主要服务于消费者精神文化需求，侧重于产品体验价值[6]。孟茜宏认为数字创意产业是文化创意产业的延伸，是通过加入现代科技生产要素而形成的一种新型产业形态，它结合文化的经济化和产业的创意化，实现生产数字化、传播网络化、消费信息化[7]。

大数据时代下数字信息技术的发展使信息资源开放共享日益完善，创新创造能力体现了经济社会的综合发展水平。基于数据资源，数字创意产业以使用数字化的创意内容作为关键生产要素、以现代信息网络作为重要载体，体现创新创造能力及经济社会综合发展水平。周志强和夏光富从文化产业延伸和转型的角度进行思考，认为数字创意产业是在文化资源的基础上，在互联网时代的背景下，与数字科学技术、通信传媒技术相结合，主要从事以人（个体和团队）的才能和创造力为核心源泉进行文化价值的创造、传播、交易，运用现代技术，从而提高传统文化产业产品附加值的活动[8]。邱丽娜和张明军提出：数字创意产业与网络技术联系紧密,结合文化与创意资源,以具备自主知识产权的原创作品为其核心内容,是运用数字技术实现产品设计、制作研发、运作服务等一系列生产过程的高科技产业,主要包括游戏、动漫、产品设计、软件开发、广告等行业[9]。王博和张刚提出:数字创意产业的核心内容为创意资源内容,凭借现代数字技术、网络与传播手段等,将人的创造力转化为生产力并进行传播[10]。王红梅从经济的角度进行思考并指出:数字创意产业是以信息网络为平台、数字化技术为工具、知识文化为资源、创意为动力而进行的新经济活动[11]。陈洪等提出:数字创意产业是数字技术与创意内容相互融合形成的新型产业形态,创意内容为其关键要素,运用数字技术进行产品创作、生产、传播和服务,从而带动新消费,其传播平台主要是互联网、手机和移动智能终端等新兴媒体,呈现出生产数字化、传播网络化、消费信息化等特征[12]。

除了关于数字创意产业概述方面的研究,国内学者也对数字创意产业发展带来的深层价值进行了分析探讨。尹宏认为数字创意产业是智能化、高知识化的产业,具有强渗透力的特性,有利于实现产业结构优化,对调整产业结构有着极强的现实意义[13]。夏光富和刘应海认为数字创意产业不仅在动漫、游戏、数字出版、网络服务、在线教育等核心领域发展良好,而且对于其他产业也具有很强的带动与协同发展能力[14]。刘懿萱认为数字创意产业的发展极大地提升了文化内容信息传递与交换的速度,依托现代通信传播技术,信息交流从过去以广播电视为主的单向传递变成了个性化的全方位交流[15]。杨宏伟等认为数字创意产业是以现代数字技术为主要工具,采用不同的方式对数字内容进行设计并开发,策划出令人满意的产业服务[16]。丁文华认为数字创意产业结合了传统的传媒产业和一些新兴的创意产业,同时又结合了技术产业,共同形成了数字创意产业[17]。汤永川按照创意过程中使用的技术手段及产出成果的数字化程度将数字创意划分为3类:设计服务、文化创意内容及传统艺术与手工艺。其中,核心领域为文化创意内容与设计服务[18]。廖雪峰指出数字创意产业作为战略性新兴产业,其主要特点为高技术性与创意性,数字创意产业的发展不仅可以改善产业结构、优化产业形式,同时还可以促进社会经济文化的持续发展[19]。李陵认为数字创意产业包含于文化创意产业且是文化创意产业的重要组成部分,但又与单纯的文化产业不同,最大的区别在于数字创意产业侧重于精神文化,创意思想是产业的重要创新源泉[20]。龚伟林对数字创意产业进行了深入研究,对数字创意产业进行分类,将产业的核心领域部门分为互联网文化服务业、文化和娱乐软件业、现代影视业、数字(网络)游戏业、动漫业、数字(网络)出版业等[21]。胡邓认为数字创意产业的"网络化""数字化"特征是与传统文化产业的标志性区别,数字创意产业的产品和服务具有强烈的网络传播特性和网络扩散的外部效应[22]。张振鹏等认为数字化技术和文化创意的深度融合催生出新业态——数字创意产业,其既是文化产业发展的新动能,也是国民经济发展的新动能[23]。李景平认为数字创意产业具有强大的凝聚能力,能将各要素资源进行整合,其中人(个人或团体)的创造力为核心,通过数字技术将创意物化,进行一系列产品生产过程,从而形成具有高文化附加值和高技术含量的产品和服务[24]。王志成等指出数字创意产业的发展受两类主要因素影响:创意内容所需的经营环境和创意内容经营所需的资本基础[25]。冯之浚认为数字创意产业的发展优点众多,可以改变产业结构,有效扩大就业人数,从而带动城市经济发展[26]。褚劲风等认为数字创意产业的发展不仅仅是自身的发展，在积极推进创新经济发展的过程中还可以带动其他产业的发展，将成为未来经济发展的新增长点和突出点，大力推进数字创意产业的发展是必然的战略选择[27]。

通过以上的研究可以发现，在不断加强的全球化趋势下，各国各地区的竞争越来越激烈，由之前的低级生产要素竞争逐渐转向高级生产要素竞争，已步入知识经济时代。高新技术及智力知识成为产业竞争的关键要素，两者融合发展的规模与程度已成为衡量国家和地区综合竞争力的重要标志。数字创意产业便是由两者融合到一定程度所形成的高阶段的产物。然而与新兴业态数字创意产业蓬勃发展现实不相适应的是，目前国内外关于数字创意产业的研究大多停留在概念理论界定与产业特征层面上，实证研究实用性不强，结论的可靠性有待进一步验证。但对数字创意产业进行明确清晰的概念界定是推动数字创意产业发展的基础，由此能构建起整个数字创意产业发展的体系。从上述文献研究可以看出，国内外对于数字创意产业的概念界定因人而异，侧重点各不相同。但通过总结可以发现国内外诸多概念界定中均提到"创意"这一关键要素，认为数字创意产业最核心的内在驱动力就是人（个人或团队）的创意，创意是数字创意产业发展的主要源泉，决定了产业的内容、性质和运营方式；创意创新与高新技术深度结合形成数字创意产业，完善的知识产权保护机制为创意创新提供基本保障，使数字创意产业得以顺利发展，其被各企业家及政府寄予厚望，是一个具有创造财富能力和就业潜力的行业。目前我国数字创意产业的应用主要体现在会展领域、虚拟现实领域、产品可视化领域等。此外，虽然各个国家数字创意产业的发展现状和发展水平各有差异，但学术界的理论研究均表明，将创意与科学融合而新形成的创意产业的提出及发展既是在"互联网+"时代背景下产生的产业发展新思路，也是对传统产业发展模式、运行机制及相关政策趋向的调整与思考，更为诸多数字创意产业类的新兴产业提供了借鉴参考。因此，仍需要学者们不断地深入研究，从而丰富和完善数字创意产业的理论知识体系，为数字创意产业未来的发展提供智力支持。

第二节　国内外数字创意产品研究现状

一、国外数字创意产品研究现状

在经济全球化的发展趋势下，在互联网时代背景下，科学技术的进步，数字技术与创意设计的结合衍生出了数字创意产品这一专项产品，该产品包含于创意产品又与其有较大区别。数字创意产品随着数字创意产业的发展开始进入大众的视野，体现着较强的创新创造力。随着数字创意产品的流行，广大的国内外学者开始就数字创意产品的概念特征进行了探讨分析。

数字创意产品源自创意产品，是在创意产品的生产基础上与高新科学技术进行深度融合而形成的新兴产业产物，首次对创意产品进行概念定义的是英国前首相布莱尔于1997年成立的"创意产业特别工作组"，该组织认为"创意产品的核心来源于人（个人或团体）的创意、技巧、才华，运用相关手段，针对这些创意内容进行开发及转化，从而形成实质性的产品，通过产品的运营带来经济价值及一定程度上的社会效益"。因此，英国根据此定义，对创意产品涉及的种类进行了划分，涵盖影视、游戏、动漫、传播媒体产品、文化休闲产品、音乐艺术、广播栏目等众多领域。

英国著名经济学家 Scott 在《创意经济》中提到：创意产品包含着创意者的创意与才能，具有创意的私密性和独特性，应当得到知识产权的良好保护，其创新性、设计感产品专利、版权乃至设计均不可侵犯，创意产品只有在得到创意者授权允许的情况下，才可以被无限复制、营销推广进而使得该创意产品面向大众化平台，但是在此情况下，创意产品的创意价值也会遭到一定削弱[28]。美国学者理查德•凯夫斯对创意产品的定义相对广泛，他指出：创意产品并不仅仅局限于实体产物，创意产品是能够为公众提供文化、艺术、娱乐相关价值的某一类产品或者服务，任何体现了创新想法、独特思维，具有创意价值的产品均可划归为创意产品范畴。21 世纪，随着科学技术的高速发展，人类进入数字化时代，数字化对几乎所有行业的发展进程产生着影响，数字创意产品就是数字化时代下的一种新的产品趋势。美国麻省理工学院教授尼葛洛庞帝在《数字化生存》中说，数字时代的到来是一次时代的变革，其将对人类的生产方式带来巨大影响，数字时代发展下的产物——数字创意产品存储着广阔的创意能源，同时传承、保存着多样的文化遗产，数字创意产品将有着无限的发展空间[29]。

除了对数字创意产品的概念进行定义，部分学者也进一步研究分析了数字创意产品的生产流程。Caves 认为数字创意产品的生产过程即是科技与创意的融合过程，创意几乎构成了产品的全部，创意产品的产生意味着创意的完成，但创意仅仅作为创意产品完成过程中的一种要素参与其中，除了创意这一主要要素，创意产品的生产过程还包含了生产、传播、消费、服务等环节，多个环节结合形成了数字创意产品的生产产业链，只有借助现代科学技术才能实现复杂的创意产品生产[30]。Higson 等从产品链的角度研究了数字创意产品从创意形成、产品生产制作及销售到数字创意产品产权开发的整个流程，并运用合同理论对数字创意产品的开发过程进行分析[31]。通常，创意者常常会在创意产品完成之后通过相关平台组织中介方来推广数字创意产品，与此同时，创意者即创意产品生产者和中介方等之间就存在着合同关系。数字创意产品的核心要素为创意，可是光有创意这一要素无法生产出数字创意产品，除创意以外，科学技术、资金及原材料、市场运作等都是数字创意产品生产过程中不可或缺的要素，而往往创意者不可能精通每一项流程，这就决定了数字创意产品的生产过程是契约关系基础上专业化分工与协作的产物。流程的环节越多代表着契约关系方越多，合同所要做出的决定和行动范围也随之迅速扩大。特别是由于创意产业产品面临着严重的不确定性和信息的易逝性，从而使得合同条款的制定及执行等存在很大的变数。由此可见，产品创意和商业运营已经成为数字创意产品商品价值生成和增值必不可少的环节，数字创意产品要想获得更大发展，必须结合商业领域相关知识，才能创造更多的价值。

二、国内数字创意产品研究现状

在数字化时代背景及我国相关政策引导下，越来越多的国内学者开始对数字创意产品开展研究。关于数字创意产品的概念定义，产生了诸多结论。徐庭丽等认为数字创意产品是时代发展的产物，以个人及团队的创意想法、技能积累为主要内容，并通过知识产权对个人创意这一主要内容进行保护,同时运用现代科技手段对创意资源及内容进行创造与提升,从而产出高附加值的产品[32]。辛晓雅认为数字创意产品是"互联网+"时代背景下,为了满足人们日益变化的需求,将高新技术产业与创意企业相结合,通过改进老产品或者开发新产品,让其成为具有新特点或者新用途来满足客户需求的产品[33]。黄小珊从广义和狭义的角度对数字创意产品进行了界定,她认为站在广义的角度,所有行业或多或少地进行着数字创意产品的生产制造,换句话说,不受行业的局限性,但凡具有原创性、艺术性、科学性、个性化等特征的产品和服务,只要是经过创意活动生产出来的都可以称为数字创意产品。然而,站在狭义的角度,不论哪一行业、哪种物品的创意产品生产,都会更注重创意者本身的情感化、趣味化等特征,这些产品本身更具原创性、艺术性、科学性、个性化的特征,也更依赖于高新科学技术,从产品的功能上来讲,这些产品具有较强的娱乐性,能达到丰富人们生活乐趣、减轻生活压力、放松心情的目的,因此能给人们带来更有创意的生活的产品才是数字创意产品[34]。郝鑫认为创意产品主要来源于个人才情、灵感或智慧,它是以创意理念为核心的产品,并通过产业化的方式进行生产、消费和营销,是满足人们精神需要和欲望的任何有形产品和无形服务[35]。

基于数字创意产品的概念内涵,一部分学者对数字创意产品的价值、结构及生产方式进行了更深层次的研究。潘云鹤指出数字创意产品具备四大时代特征(绿色低碳、网络智能、开放融合、共创分享)和五大要素(技术、艺术、文化、人本、商业)[36]。史青春等认为可以将目前数字创意产品的生产方式分为两种基本组织形式:企业组织形式和自给自足形式。同时根据数字创意产品本身的特性决定到底采取何种生产组织方式[37]。例如,游戏、电影动漫等复杂的数字创意产品的生产大多运用企业化组织方式,针对这类复杂创意而言,其前期投入成本较高,且具有高风险、高收益的特性,需要企业采取相应的融资行为来确保创意产品的产生及后期的正常运作销售,因此不可能采取自给自足的方式。然而,对于绘画、网络文学作品等生产过程较为简单的数字创意产品而言,由于该创意产品生产过程一般不产生较复杂、庞大的分工收益,所以通常可以选择自给自足的运作方式。进一步来讲,按照创意剩余所有权的不同归属又可以分为两种:一是生产创意的创意者作为雇主,在创意半成品(中间产品)的基础上,雇佣工人生产创意产品;二是创意者直接出售创意的半成品,其他人购买半成品,然后完成创意的最终产品。张建友认为数字创意产品与其他产品一样具有生命周期,同时其产品收益随产品到达生命周期阶段的不同而不同,所需时间具有一定的滞后性,只有经过一段时间的生命周期才能到达利润最大值[38]。张虹、宋卿、张鹏洲等深入分析了数字创意产品的生命周期,研究了生命周期不同阶段下的产品使用情况,结果表明数字创意产品的生命周期(产品发展属性)对产品的利用及营销渠道的选择也有一定程度的影响[39]。米培义认为数字创意产品价值的主要衡量标准可从 4 个方面考虑,分别是社会价值、成本投入、可替代性、价值增长空间和未来收益。同时他进一步将产品的生命周期划分为投入期、成长期、成熟期及衰退期 4 个阶段[40]。王寒等站在产业发展整体性观念与产业跨界融合理念的角度上,对数字创意产品进行分析,结果表明各种具体的数字创意产品之间并不是完全绝对独立的单种产品,而是存在着产品交叉点,跨界融合发展是其未来趋势。同时指出在数字化时代背景下,数字创意产品除传统的二维、三维动画设计以外,还可以加入空间立体感,注重用户感官感受,设计类似于 VR、AR

与 MR 虚拟现实类的创意产品等[41]。

此外，学者对数字创意产品的开发路径与机理也进行了研究。胡晓鹏以"哈利·波特"这一创意产品为研究对象，试图研究创意产品的价值结构和价值开发问题，他认为创意产品的显性价值表现形式主要有功能价值、感知价值和信息价值[42]。黄杰主要以数字创意产品中的动漫产品为研究对象，对创意产品的扩散进行了研究，分析数字创意产品的价值实现过程包括开发和运营两个阶段，其中创意产品开发仅是扩散过程的开端，对产品的扩散结果起决定性作用的还是产品运营阶段。产品运营阶段的主要任务是对产品进行定价、市场营销及售后服务，这个阶段实现了产品向经济收入的关键性跨越。产品的推广渠道选择是创意产品运营阶段的重点，主流推广渠道可以分为两种：一是依靠大众媒体的"流量宣传"；二是凭借社交网络的"大众传播"，这两种媒介各有利弊。数字创意产品运营商对推广渠道的不同选择也会促使创意产品扩散产生不一样的效果[43]。林明华和杨永忠以数字创意产品的开发过程为研究对象，研究结果表明数字创意产品的开发及推广具有时间滞后性和明显的地域特征，数字创意产品随着地区、时期、阶段及消费者的不同表现出差异性。因此应该根据数字创意产品所面对的目标客户，制定数字创意产品开发策略，尽可能地满足消费者需求，从而使得数字创意产品具备持久的生命力[44]。叶书丞指出数字创意产品与流行的文化创意产品最大的不同便是其有更大的交互性、有更多附加内容融入。数字创意产品既然是产品，那它也需要遵循普通产品的发展路线，即生产—销售—再生产—再销售这一过程[45]。产品的本质是解决人们的需求，无论是物质需求还是精神价值上的需求，中心点围绕的是用户体验。一个好的、成功的产品一定有一个清晰的定位，同时能够满足客户的某种需求并稳固地占据一定的市场，拥有一定价值的市场前景及空间，这是普通产品或数字创意产品都需要遵循的生产与销售规律。

综上所述，数字创意产品概念的核心思想如下：数字创意产品是以人的创造力为核心，依托现代科技手段，具有高技术含量和高附加值且能够满足人们特定需求的产品和服务。数字创意产品是创意在特定行业的物化表现，是与高科技和新传媒相结合的产物。由于数字创意产品中的数字技术具有污染少、资源耗费低、附加值高、发展潜力大等优势，能够使数字创意产品迅速占据市场，使消费者对数字创意产品的需求居高不下。对于数字创意产品进行深入研究的同时人们可以进一步了解数字创意产业的过程，可以为下一步制定数字创意产品的开发机理与运营机制提供理论基础。

第三节　国内外消费者迁移研究现状

一、国外消费者迁移研究现状

消费者作为市场的主体和核心，其需求是产品开发运营的出发点和归宿。以顾客为中心的理念在理论界与实践界均得到了广泛的认可。国内外关于消费者迁移的研究，分别从社会心理、人类、经济等各个学科角度对其进行了探讨。Kolter 认为消费者迁移在大多数情况下都是受消费者心理暗示影响的一种行动，而消费者这种潜在的心理暗示来自消费者本身的个性因素和社会环境因素等各方面的影响[46]。Vohs 和 Faber 认为外界影响对消费者的选择购买和消费欲望有非常大的影响。换句话说，消费者的消费行为会被外界的营销方式引导，合适的营销手段将引导有利于商家的消费者购买行为，从而引发一定范围和层次上的消费者迁移行为[47]。Holbrook 认为消费者迁移主要是由其内心意愿驱使的[48]。Shaughnessy 指出消费者迁移受其主观意愿左右，同时也受到其无意识冲动的影响，消费者迁移过程虽很大程度上与消费者自身的意志有关，但也与消费者消费过程中的各种体验和感觉联系[49]。Douglas 指出消费者心理感受变化是导致消费者发生消费迁移行为的主要因素，而消费者心理变化又与消费者自身的价值判断及消费者所处的外界环境相关[50]。Lob 以消费者迁移行为为主要研究对象，通过市场调查发现，主观、情感和思想因素是消费者迁移行为中的决定性因素，同时这三大因素受外界环境影响较大，很容易随外界环境波动[51]。

　　除此之外，通过对消费者迁移行为的进一步探讨，学者发现自我认同也是影响消费者迁移行为的重要因素，它会影响消费者的心理需求、购买行为和产品选择等。自我认同（self-identity）是消费者怎样去看待自己的一种心理表征，是主体自我寻求自我意义的过程和结果。消费者行为学领域中自我认同的研究与社会学和心理学两大学科息息相关，并逐渐开始兴起。消费者研究大多将认同和自我概念（self-concept）交替使用，学者们从自我认同出发对消费者迁移行为进行研究，着重从认同关联、认同威胁方面分析了自我认同对消费者迁移行为的影响。Gao 和他的同事通过研究指出，当消费者在某一方面的自我认同度较低时，他们会对与该认同相关的产品表现出更强的偏好[52]。White 和 Argo 则发现当消费者在某一方面的社会认同受到暂时性的威胁时，消费者会避免购买与该认同方面有关的产品[53]。Kim 和 Rucker 基于认同威胁的差异化与多样性，认为不同类型的认同威胁会对消费者迁移行为产生不同的影响，即亲身经历的实际威胁和预期可能发生的潜在威胁会影响消费者产生不同性质的补偿性购买行为[54]。不过，Han 等认为不同的认同威胁对消费者行为产生的影响没有差异，消费者无论面对何种心理威胁，都普遍会采用两种应对策略：靠近或者远离[55]。消费者的认同关联即消费者会通过购买相关产品，将产品传递的寓意与自我的认同身份相联系，并将此自我认同信息向他人传达。换句话说，一方面，消费者可以以消费行为或消费品为平台来表达、传播、交流自己的认同；另一方面也可以通过他人的消费行为来对别人进行社会分类，即可以依据一个陌生人购买的产品、品牌或者消费场所对其进行一些客观的评价。Bolton 和 Reed 发现消费者相当信任自己根据认同得出的判断结果，并且结果很难被改变，也就是说，消费者通过认同得出的结果对消费者的判断具有持续性的影响[56]。

　　在日益开放的市场和社会环境中，消费者迁移行为在不断发生变化，消费者迁移行为也被学者从宏观和微观两个层面进行了探讨研究。站在宏观层面而言，学者指出消费者生活方式与消费者迁移行为紧密联系，其中对消费者生活方式的研究大多是描述性研究。通常从态度（attitude）、活动（activity）、观点（opinion）、人口统计特征（demographic）4 个维度来描述消费者的生活方式。站在微观层面而言，消费者的具体购买行为影响着消费者的迁移行为，消费者的具体购买行为侧重于消费者在具体的信息沟通、购买决策、产品使用、品牌态度等方面的行为，即消费者的认知、决策过程、购买意愿及态度等方面。Engel 将消费者自身的活动态度及本身所持有的观点作为研究消费者迁移的微观切入点，以人口特征角度作为分析消费者迁移的宏观切入点[57]。消费者选择行为和消费者购买决策行为两部分构成消费者迁移行为的整个过程,消费者购买决策行为是消费态度的形成过程,即消费者在购买产品和服务之前的心理活动和行为倾向;而消费者选择行为则是将形成的消费态度付诸实际行动的过程,重点在于购买决策的实践过程。消费者迁移行为的这两个部分在现实的消费生活中相互渗透,相互影响。

二、国内消费者迁移研究现状

消费者研究是企业进行市场营销的前提和企业生存的基础,我国消费者研究的发展深受我国营销学者的欢迎,消费者既被看作营销活动的终点也是营销活动的起点。经过 30 年多的发展,我国营销学者在消费者迁移行为研究方面的学术成果形式多样,数量很多,质量不断提高,对消费者迁移行为的认识逐渐深入与提高。消费者获取的产品种类随着信息通信技术和移动互联网的发展愈加丰富,产品信息愈加全面,消费者在多样的产品种类中反复比较,动态的选择过程中就会发生迁移行为。

国内对于"消费者迁移行为研究"尚无统一的概念,也很少有研究者对"消费者迁移行为研究"的定义做出明确的界定,目前,主要有 4 个主流说法:行为说、心理行为说、市场调查说及综合说。行为说即认为在某种程度上,消费者行为研究可以替代性地概述消费者消费迁移行为研究的主要内容。例如,高名伟从消费者的购买动机和行为、影响购买行为的因素、购买过程、购买模式与习惯 4 个方面对消费者行为进行了展开分析。心理行为说即认为消费者迁移研究是站在心理学和行为学的角度对消费者进行分析的研究。例如,王海艳的心理学(或行为学)以其自身作为实例,对消费者迁移行为进行了深入的探讨和分析,这种类型的研究也可以等同性地称为消费者行为研究。市场调查说从市场的角度出发,对产品购买者及潜在购买者或使用消费者构成的市场进行分析,站在市场的角度分析消费者的迁移行为,在对市场进行研究的同时也分析了市场如何对消费者产生影响。综合说主要是以消费者为核心对象展开的综合性研究。消费者研究分为消费者对产品的认知、使用和意向 3 个方面进行,这里的产品指的是可通过任何途径获得和使用的包括商品、服务、创意、赛事等。综合说强调消费完成过程中各个方面的因素。我国的华光彦是较早对消费者综合说进行研究的学者,他出版的《消费者研究》是我国第一部关于消费者研究的专著。

消费者在不同阶段对产品的选择行为可以近似作为消费者迁移过程,消费者根据自己的需求在不同阶段的购物过程中选择产品。顾客了解某种产品,充分掌握产品信息并与自身需求相对应后选择购买该产品,之后,如果顾客接触了已购买产品的类似产品,进行了解对比后,顾客可能选择继续购买之前的产品,也有可能购买该类似产品,此时消费者的产品消费过程产生了迁移行为。消费者的迁移选择行为受多种因素及环境的影响。樊文娟将我国消费者的相应行为从发展阶段和层次两个角度进行分析,并进行了特点归纳[58]。刘颐权站在主客体的角度分析了消费者迁移行为的影响因素[59]。顾江以南京地区消费者为研究对象,进行城市居民消费行为的调查,调查结果表明,消费需求量随着城市发展程度的提升而增大,同时,城市发展程度越高,消费需求层次越高,即消费逐渐偏向于高档消费商品[60]。胡雅静和杨海涛基于技术的角度,将手机网络游戏的运行概念分为了两种类型：泛游戏和云游戏，同时强调云游戏的运行方式和云技术之间具有关联性，从而对消费者关于两种不同游戏类型的选择行为进行了研究[61]。

除了研究外部影响因素对消费者迁移行为的影响，国内的学者还从消费者自身的角度对消费者迁移行为进行研究分析。崔宏静和王天新认为消费者自我认同是影响消费者迁移行为的重要因素，自我认同会影响消费者的心理需求、购买行为和产品选择等[62]。它会导致消费者产生两种消费类型：自我补偿型和自我防御型。除了关于自我认同对消费者迁移行为影响的研究，更多的学者指出要想理清消费者迁移行为，需要基于消费者特性研究消费者迁移行为，从消费者的自身特性出发，研究消费者偏好。消费者特性是客观地对消费者个体进行描述，包括消费者的人口统计特征、经济因素、社会因素和生活方式等。消费者特性是企业进行产品营销决策时的重要依据。曹志涛提出了影响消费者对品牌忠诚度的 3 个主要个人特性为消费者的时间压力、购买风险、自我形象，这为研究消费者迁移行为提供了一种良好的思路[63]。何其帼和林梅华运用结构方程模型，基于渠道特性和个体特性两个角度，研究了消费者特性和消费者迁移行为的关联性，研究结果表明消费者经济特性中的收入因素对消费者购物行为有较大影响，消费者收入越高，其购买习惯越稳定，选择范围较小从而不容易产生迁移行为[64]。徐和清和揭新华等通过建立关于收入和消费的回归方程，同样得出了消费者的收入水平与消费者的购买习惯、购买选择及品牌忠诚度具有较强的关系[65]。

此外，性别、职业等对购买选择中是否容易产生购买品牌迁移均会产生一定影响。尹世久等通过构建一个 Logit 模型来研究我国消费者购物的动机和选择决策过程，结果得出消费者的性别、收入状况、婚姻状况、年龄等都对消费购买选择过程具有较强影响。此外，消费者的文化程度对消费者的影响比较显著[66]。潘煜等从消费者生活方式和自身感知价值等影响因素出发，构建了一个包含中介变量的模型，研究我国消费者购买迁移行为，实证结果表明生活方式直接影响消费者购买迁移行为，而顾客感知则间接影响消费者购买迁移行为[67]。杨尚君采用层次分析(analytic hierarchy process，AHP)方法研究消费者购买迁移行为的影响因素，对文化因素、社会因素、个人因素和心理因素四大消费者特性因素的影响程度进行排序，研究各要素的权重，据此为企业拟定营销策略提出相关建议[68]。

除了外部的环境条件，学者还分别从社会因素、心理因素两个方面对消费者购买迁移行为进行了研究，分析消费者对品牌的忠诚度对消费者迁移行为产生的影响。学者还认为购买渠道也是影响消费者迁移行为的重要因素。随着越来越多的商家使用多渠道销售模式，消费者极有可能发生渠道迁移行为，造成原有顾客流失转移。消费者在多渠道的环境下，可以先通过互联网获取产品信息，对各品牌产品进行比较，然后前往筛选后的品牌线下实体店对选择的商品进行查看，最后在线下实体店或者通过移动端应用选择购买产品。这种反复变换渠道的消费行为称为消费者渠道迁移行为。消费者渠道迁移行为可以被概述为以下几种：①在线搜索产品信息，实体店购买产品；②实体店体验欲购买产品，线上渠道购买；③消费者在线上(A 企)了解产品信息，在线上(B 企)购买产品；④消费者在线下(A 企)了解产品信息，在线下(B 企)购买产品。消费者在不同渠道间的转换称为消费者的渠道迁移。学者对消费者渠道迁移行为的研究多从企业管理、消费者决策及渠道选择行为等方面的影响因素进行分析。王崇等认为影响消费者购买渠道选择的主要因素有企业品牌知名度、服务、渠道安全性等[69]。王亚卓在消费者渠道迁移行为研究中，主要分析了顾客因素、渠道因素、产品因素等对其的影响[70]。刘众等以消费者购买行为为研究对象进行研究，研究结果表明渠道风险安全性、服务水平差异、产品特点对消费者选择渠道的购买行为有重大影响[71]。王全胜等认为渠道自身特点、消费者的个体特点及消费者所处情境是影响消费者渠道选择行为的主要关键因素[72]。

消费者迁移行为的问题越来越受到学者的关注，已经成为消费者研究和企业营销管理研究中的热点问题。消费者行为研究需以广泛的理论基础为前提，从多个学科中借鉴概念理论。本书选取国内外消费者选择迁移行为及消费者渠道迁移进行分析，发现消费者迁移行为不仅受到收入水平、物价水平、生活环境，消费者自身特性等因素的制约，还受到外部消费环境、消费渠道等因素的影响。总的来说，在宏观层面上，消费者迁移行为研究通常与消费者选择行为特征描述有关。在微观层面上，消费者迁移行为则通常与消费者的认知态度、购买意愿及选择过程等具体购买行为紧密相关，由此对迁移行为进行描述。

本 章 小 结

本章首先通过对国内外数字创意产业研究现状进行梳理，得出虽然在数字创意产业上学者的研究取得了一定的成果，但还可以从丰富和完善数字创意产业理论知识体系的角度为数字创意产业未来的发展提供智力支持。其次，梳理了国内外数字创意产品研究现状，对数字创意产品概念界定的核心思想进行了总结，在对数字创意产品深入研究的同时也进一步了解数字创意产业的形成过程，为分析数字创意产品开发机理与运营机制提供理论基础。最后，梳理了国内外消费者迁移研究现状，发现消费者迁移行为不仅受到收入水平、物价水平、生活环境、消费者自身特性等因素的制约，还受到外部消费环境、消费渠道等因素的影响。

参 考 文 献

[1]埃德娜·多斯桑托斯. 2008 创意经济报告[M]. 北京: 三辰影库音像出版社, 2008.

[2]约翰·奈斯比特. 大趋势——改变我们生活的十个新方向[M]. 北京: 中国社会科学出版社, 1984.

[3] Howkins J. The Creative Economics[M]. UK: The Penguin Press, 2001.

[4]理查德·凯夫斯. 创意产业经济学: 艺术的商业之道[M]. 北京: 新华出版社, 2004.

[5]金元浦. 中国理念的充分展示[J]. 瞭望, 2005(29): 57-57.

[6]薛晓东, 谢梅. 数字传媒产业自组织运营模式研究[J]. 电子科技大学学报(社会科学版), 2007, 9(1): 50-53.

[7]孟茜宏. 数字创意产业复合型人才培养机制研究[J]. 现代教育管理, 2018(06): 114-117.

[8]周志强, 夏光富. 论数字创意产业[J]. 新闻爱好者(理论版), 2007(12): 14-15.

[9]邱丽娜, 张明军. 关于数字创意人才培养的若干思考[J]. 高等理科教育, 2008(3): 62-64.

[10]王博, 张刚. 中国数字创意产业发展研究——基于产业链视角[J]. 中国物价, 2018(3): 25-27.

[11]王红梅, 李代民, 孙莹. 我国数字创意产业发展的制约因素分析——基于钻石模型视角[J]. 福建论坛 (人文社会科学版), 2010 (4): 100-103.

[12]陈洪, 张静, 孙慧轩. 数字创意产业: 实现从无到有的突破[J]. 中国战略新兴产业, 2017(1): 45-47.

[13]尹宏. 论创意产业与产业结构优化的互动关系——基于科技创新视角的思考[J]. 云南社会科学, 2007(3): 63-65.

[14]夏光富, 刘应海. 数字创意产业的特征分析[J]. 当代传播(汉文版), 2010(3): 70-71.

[15]刘懿萱. 在变革中发展的数字创意产业[J]. 群言, 2017(07): 10-13.

[16]杨宏伟, 刘永山. 现代科技与传统文化融合策略研究[J]. 山西财经大学学报, 2014 (1): 224-224.

[17]丁文华. 中国数字创意产业的发展——在BIRTV2017主题报告会上的演讲[J]. 现代电视技术, 2017(09): 26-28.

[18]汤永川, 刘曦卉, 王振中. 数字创意产业向其他产业无边界渗透[J]. 中国战略新兴产业, 2017(09): 70-74.

[19]廖雪峰. 浅谈如何发展数字创意产业[J]. 美术教育研究, 2012(10): 40.

[20]李陵, 田少煦. 珠江三角洲数字创意产业的发展走向[J]. 湖南师范大学社会科学学报, 2011, 40(03): 91-94.

[21]龚伟林, 徐媛媛, 刘应海. 基于SWOT对重庆市数字创意产业的分析[J]. 重庆邮电大学学报(社会科学版), 2010, 22(06): 52-56.

[22]胡邓. 对数字创意产业与数字艺术教育关系的思考[J]. 重庆工学院学报(社会科学版), 2008(08): 185-188.

[23]张振鹏. 数字创意产业发展背景下的企业转型升级[A]//两岸创意经济研究报告(2017)[C]. 北京: 社会科学文献出版社, 2017.

[24]李景平. 创意·创意产业·创意经济[J]. 新疆艺术学院学报, 2010(9): 88-91.

[25]王志成, 谢佩洪, 陈继祥. 城市发展创意产业的影响因素分析及实证研究[J]. 中国工业经济, 2007(8): 49-57.

[26]冯之浚. 变"头脑创新"为"现实财富"——创意产业与城市发展[J]. 科学学与科学技术管理, 2006 (9): 5-13.

[27]褚劲风, 高峰, 马吴斌. 上海城市与创意产业园区协调发展研究[J]. 中国人口·资源与环境, 2007, 17 (6): 139-142.

[28]Scott. The Cultural Economy of Greative [M]. London: Sage, 2000.

[29]尼葛洛庞帝. 数字化生存[M]. 胡泳, 范海燕, 译. 北京: 电子工业出版社, 2017.

[30]Caves R. Creative industries: contracts between art and commerce[M]. Boston: Harvard University Press, 2000.

[31]Higson C, Rivers O, Deboo M. Creative financing[J]. Business strategy review, 2007, 18 (4): 49-53.

[32]徐庭丽, 洪燕, 蔡婉云. 基于城市品牌传播的景德镇旅游文化创意产品研究[J]. 艺术科技, 2019, 32(07): 84-107.

[33]辛晓雅. 基于网络热词的创意产品开发理念研究[J]. 现代营销(信息版), 2019(03): 201.

[34]黄小珊. 浅谈创意与创意产品的内涵界定[J]. 才智, 2017(31): 250.

[35]郝鑫. 浅析文化创意产品的内涵和外延[J]. 现代交际, 2012(7): 126-128.

[36]潘云鹤. 创新设计和大数据之间的关系[N]. 人民政协网, 2015-12-2.

[37]史青春, 妥筱楠. 创意的间接定价及其市场组织均衡模型[J]. 中央财经大学学报, 2015 (12): 100-106.

[38]张建友. 媒体融合背景下数字媒体内容产品的营销渠道研究[J]. 当代电视, 2018(07): 74-76.

[39]张虹, 宋卿, 张鹏洲. 媒体资产的生命周期管理[J]. 中国传媒科技, 2010(4): 42-43.

[40]宋培义, 王慧中. 基于价值驱动的数字媒体资产管理[J]. 中国广播电视学刊, 2009(4): 55-57.

[41]王寒, 等. 虚拟现实·引领未来的人机交互革命[M]. 北京: 机械工业出版社, 2016.

[42]胡晓鹏. 创意产品的价值结构与价值开发——源自"哈利·波特"经验的启示[J]. 现代传播(中国传媒大学学报), 2008(4): 110-113.

[43]黄杰. 中国UGC动漫创意产品扩散影响因素研究[D]. 南京: 南京航空航天大学, 2018.

[44]林明华, 杨永忠. 创意产品: 文化、技术与经济的融合物[J]. 科技进步与对策, 2013, 30(7): 1-5.

[45] 叶书丞. 现代文化创意产品与理念的变现与发展[J]. 中国民族博览, 2018 (11): 44-45.

[46] Kolter. Marketing management analysis, planning implementation and control[M]. 9th Edition..Prentile-Hal, 1979 (3): 60-61.

[47] Vohs K D, Faber R J. Self-regulation and impulsive spending[J]. Journal of Consumer Research, 2007, 33 (3): 537-547.

[48] Holbrook M B, Hirschman E C. The experiential aspects of consumption: consumer fantasies, feelings, and fun[J]. Journal of Consumer Research, 1983, 9 (9): 132-140.

[49] Shaughnessy. A return to reason in consumer behavior: a hermeneutical approach[J]. Advances in Consumer Research, 1988 (12): 308.

[50] Douglas B H. Poststructuralist lifestyle analysis: conceptualizing the social postmodernity[J]. Journal of Consumer Research, 1997, 23 (3): 32-34.

[51] Lob A E, Mazzochi M, Trail W B. Perception and chicken consumption in the avian flu age consumer behavior study on the food safety[J]. American Agriculture Economic Annual Meeting, 2006 (7): 23-26.

[52] Gao L, Wheeler S C, Shiv B. The "shaken self": productchoices as a means of restoring self-view confidence[J]. Journal of Consumer Research, 2009, 36 (1): 29-38.

[53] White K, Argo J. Social identity threat and consumer preferences[J]. Journal of Consumer Psychology, 2009, 19 (3): 313-325.

[54] Kim S, Rucker D. Bracing for the psychological storm: proactive versus reactive compensatory consumption[J]. Journal of Consumer Research, 2012, 39 (4): 815-830.

[55] Han D H, Duhachek A, Rucker D. Distinct threats, common remedies: how consumers cope with psychological threat[J]. Journal of Consumer Psychology, 2015, 25 (4): 531-545.

[56] Bolton L E, Reed Ii A. Sticky priors: the perseverance of identity effects on judgment[J]. Journal of Marketing Research, 2004, 41 (4): 397-410.

[57] Engel, Blackwell, Kollat. Consumer Behavior (2th Ed) [M]. Chicago: The Dryden Press, 1978.

[58] 樊文娟. 启动消费应关注居民消费行为特征[J]. 商业研究, 2000 (4): 59-60.

[59] 刘颐权. 中国城镇居民消费结构演进[J]. 北京工商大学学报 (社会科学版), 2015 (3): 15-20.

[60] 顾江. 南京市居民消费行为变化的原因分析[J]. 南京社会科学, 2001 (1): 76-78.

[61] 胡雅静, 杨海涛. 手机游戏平台运营与发展分析[J]. 电信技术, 2012 (8): 60-61.

[62] 崔宏静, 王天新. 消费者行为策略选择的研究综述——基于自我认同威胁情境[J]. 华东经济管理, 2017, 31 (09): 171-179.

[63] 曹志涛. 从消费者本身特性看品牌忠诚的成因[J]. 前沿, 2003 (12): 57-58.

[64] 何其帼, 林梅华. 网上购物行为影响因素实证研究[J]. 经济管理, 2006 (10): 44-49 .

[65] 徐和清, 揭新华. 消费者网络购物的主要影响因素研究[J]. 消费经济, 2009, 25 (2): 40-43.

[66] 尹世久, 吴林海, 刘梅, 等. 消费者网络购物影响因素分析[J]. 商业研究, 2009 (08): 193-195.

[67] 潘煜, 高丽, 王方华. 生活方式、顾客感知价值对中国消费者购买行为影响[J]. 系统管理学报, 2009, 18 (6): 601-607.

[68] 杨尚君. 基于 AHP 的消费者特性研究[J]. 现代商贸工业, 2011 (12): 24-25.

[69] 王崇, 李一军, 吴价宝. 基于感知效用的消费者购物渠道决策分析与实证研究[J]. 管理评论, 2012, 24 (10): 85-93.

[70] 王亚卓. 双渠道顾客消费行为研究[D]. 济南: 山东大学, 2011.

[71] 刘众, 董大海, 杨毅. 消费者数码相机购买渠道选择影响因素的实证研究[J]. 市场营销导刊, 2005 (2): 32-34.

[72] 王全胜, 韩顺平, 陈传明. 西方消费者渠道选择行为研究评析[J]. 南京社会科学, 2009 (7): 32-36.

第四章　数字创意产业产品扩散及用户迁移相关理论概述

第一节　数字创意产品的消费者需求理论

市场经济已由过去的以产品导向为中心逐步转变为以消费者导向为中心。在当前时代中，顾客在整个市场交易中占主导地位。消费者需求是最主要的驱动因素之一，很大程度上，市场营销方式、手段都会随着消费者需求的变化而变化。数字创意企业在进行市场营销策划时，需要重点分析数字创意产业用户的需求，并采用对应的方法来分析消费者的需求，才能更好地从"卖方市场"向"买方市场"转化。

一、数字创意产品的消费者需求划分

数字创意产品消费者的需求类型多种多样，以不同的方式划分如下。

（一）按消费者的认知识别程度划分

马斯洛的需求划分存在一定的局限性，主要体现在它无法解释为什么众多数字创意消费者的需求难以使用市场调查和预测来发现。因为知识的发展和变化经常超过客户的需求。以此知识开发的产品通常无法明确预测客户的前卫需求。马斯洛的需求层次无法单独分析这种需求[1]。因此，结合数字创意产业的行业特殊性，根据数字创意消费者对需求的认识程度，可以将数字创意消费者需求分为表观需求、潜在需求和无意识需求3个方面。

1. 表观需求

表观需求是指数字创意消费者已表达的需求，如情感需求、归属需求、尊重需求和自我实现需求可以归为此类。数字创意消费者表观需求的满足与工业经济和社会中的社会生产力相适应。由于数字创意消费者表观需求具有共同的特征，因此工业经济和社会中的企业使用大规模生产来满足具有共同特征的需求。

2. 潜在需求

客户的潜在需求是其表观需求层面的拓展。它通常取决于表观要求，有时甚至客户也不完全知道这种需求是什么。但企业通过对消费者表观需求的不断开发与启迪，使这种模糊的需求逐渐变得具体。在数字创意产业中，现实中通常先确定与消费者潜在需求相关联的东西，随后研究整个消费市场，研发并提供新产品给消费者试用，数字创意企业通过消费者所提供的试用体验反馈，不断完善数字创意产品。例如，VR设备的诞生，实际上是

一种创造需求的过程，开发消费者潜在需求并将其变得清晰化。开发并满足消费者潜在需求是企业的必然选择，也是企业从工业经济社会到知识经济社会的竞争策略。

3. 无意识需求

现实中还存在很多既不是数字创意消费者表观需求也不是潜在需求的情况。消费者可能没有想到或发现满足某些需求可以为自己带来意想不到的收获。因此需要全方位地完善客户价值，甚至不断激发客户的创造价值。丰富的客户价值并不仅仅是满足客户的需求，它还需要公司掌握客户的特定业务流程或了解客户的生活方式，以使其优于客户的期望。更重要的是，同时可以提供更多实用内容，减少浪费，使客户和企业都可以受益。丰富客户价值意味着公司必须首先以核心产品形成客户价值链的特定部分，然后生产出高品质的数字创意产品，以此扩大公司产品或服务在客户价值链中的比例，最终使公司以整体解决方案的形式参与到客户的价值链业务活动中。在实践中，数字创意企业还可以采用消费心理学相关方式来挖掘消费者未意识到的需求。在心理学领域，提出了 3 种测定消费者动机和消费目的的方法，即观察、询问及投射的方式。观察法是通过消费者的行为、微表情及言语，揣测消费者的购买动机。观察法不仅可以通过人的洞察能力来观测消费者的需求，还可以采用一系列的机器设备来辅助观测。例如，在数字创意产品出售位置配置高清摄像头，这样便能清楚地观测到数字创意产品体验者的使用过程及消费者的购买过程。研发人员和经营人员可定期查看拍摄记录，以此来观察消费者的需求和分析他们对产品的满意程度。除要求观察人员具备一定的观察、总结能力外，还需要制定相应的计划，在观察中需要业务决策者做好相应的记录。询问法可以通过采访消费者、发布调查表、电话咨询和小组讨论来确定提问方法。询问法有相应的局限性，如该方式调查到的结果未必是真实的，可能存在消费者有意识或无意识的欺瞒。在此基础上可采取投射法来弥补，其原理是向数字创意产品体验者或消费者提供模糊的刺激，使他们在较短时间内做出反应，体验者或消费者可能无法弄清研究人员正在测试什么，所以他无法仔细考虑[2]。体验者或消费者在此情景下便会将自己的真实想法、消费需求、消费动力投射到回应中。数字创意产品的研究者通过一些科学的分析手段，就可以了解到体验者或消费者对产品的真实感受。投射法可以简单归类为语词联想法、语句完成方法、主题系统感知测试、角色扮演方法等。将上述心理学研究方法合理运用到市场营销中，有利于挖掘消费者的潜在需求。

(二) 按 KANO 模型划分

客户对满足其需求的产品有不同的期望和满意度。卡诺博士提出质量模型 (简称KANO 模型)。将消费者的需求划分为基本需求、期望需求及兴奋需求。

1. 基本需求

基本需求是消费者购买该产品最看重的价值之一，也是购买行为过程中必不可少的要求。它们是消费者认同产品和服务所必须具有的属性。消费者满意度不会因为质量特性的存在而提高，但是当缺乏质量特性时，消费者的满意度将会降低。如果产品的特性不能满足消费者的需求，消费者将对产品产生不满意的情绪。例如，4K 智能电视具有收播频道就属于基本需求。

2. 期望需求

期望需求也可以被理解为意愿需求，消费者的满意程度与质量特性的重要程度是呈线性关系的。随着质量特性的提升，消费者的满意程度也会提高，两者在一定程度上是成正比的。对于数字创意企业来说，这部分需求中产品和服务的水平是超出了消费者的期望的，消费者满意度会提高。相反，如果这种需求不能满足消费者的期望，那么消费者的满意度会降低。

3. 兴奋需求

兴奋需求也称为超凡魅力需求，是指产品具备消费者意料之外的特性。通常客户在使用产品时，很难通过市场研究找到这种需求。例如，动漫、电影及网络游戏，能够满足消费者娱乐层面的需求。数字创意产品的开发通过令消费者产生兴奋需求，合理定位消费人群和消费需求，融入和塑造创新差异化功能，从而满足消费者的多维度需求体验。企业在设计的数字创意产品中增添了客户意想不到的功能时，客户对产品的满意度会提高。因此，数字创意企业应尽可能地向客户提供这种需求，以提高客户对产品的满意度。此外，随着时间的流逝，兴奋需求将转变为期望需求。因此，为了提升数字创意企业的竞争力，有必要不断地了解数字创意消费者的需求并在产品设计中满足出这种需求。

二、消费者需求相关理论梳理

结合数字创意产品的消费需求划分方式，对消费者需求的相关理论梳理如下。

（一）效用理论

效用在西方经济学看来是消费者主观意识的精神享用，因此效用根据个人自身情况也会具有差异性，消费者会依据自身情况对主观标准做出判断。古典经济学认为效用是断定某种商品、服务具有意义的证明。Adam Smith 将价值定义为使用价值和交换价值，使用价值侧重于物品的有用性，交换价值更侧重于产品本身的价值，若购买了该物品则获得了其所有权。新古典经济学家 Alfred Marshall 认为效用在一定程度上可以指代欲望。现代经济学家提出可用偏好来代替效用，效用可以设定为偏好中的函数。他们还对效用进行了划分，划分为总效用和边际效用。在奥地利学派边际效用理论中，当价格和预算确定时，消费者所能取得的效用程度主要取决于如何选择商品。西方经济学家提出了基数效用论和序数效用论，基数效用论者提出了边际效用分析法，序数效用论者提出了无差异曲线分析法。基数效用论认为，效用是可以通过赋值的方式来进行计算的。新古典经济学家通过对消费者的效用加总，再通过微积分来重新计算效用大小。基数效用论存在相应的弊端，即如何精确计量属于主观范畴。序数效用论则认为效用是无法度量的，但是可以将其进行排序，并且对偏好做出了如下类型的假设：完备性假设、传递性假设、反身性假设。Vilfredo Pareto 提出了消费偏好的概念，并提出可采用无差异曲线的波动程度来分析用户的消费偏好。例如，可以通过无差异曲线分析数字创意用户的消费偏好，以及根据消费趋势洞察数字创意产品用户的扩散、迁移规律。互联网技术的不断完善在一定程度上促进着数字创意企业的发展，给数字创意产业带来扩散效应。数字创意产业也由此衍生出了其他效应，如共享效应、溢出效应。

（二）需求弹性理论

弹性理论主要指因变量由于自变量变化产生的敏感变化。需求价格弹性表示在一定时间内，其他条件不变的情况下，商品需求随价格变化而变化的程度，通常情况下，生活必需品需求的价格弹性小，奢侈品需求的价格弹性相对较大[3]。由于数字创意产品不属于日用产品范畴，其需求受价格变化而更为敏感。普通产品的需求与收入变化的方向一致；劣质产品的需求与收入变化的方向相反[4]。数字创意产品是正常产品。当消费者收入增加时，消费者对数字创意产品的需求将在一定程度上增加。研究数字创意产品扩散，就要考虑当前社会因素及消费者收入因素等。

在对上述相关理论梳理的基础上，对数字创意产品进行分析，并对数字创意产品进行内涵范围界定，根据其特有的消费需求特点，为后文划分消费群体及对数字创意消费者需求类型进行分析奠定理论基础，由此更好地根据消费者需求进一步对数字创意产品的扩散、迁移进行研究。在从传统经济向服务经济、体验经济和新经济演进的过程中，消费需求正从物质层面向精神层面转移。消费者对数字创意产品的需求在一定程度上反映了消费者精神层面的需求。消费者需求也影响产品扩散的趋势。从挖掘广大消费者需求的角度出发，制定企业的推广策略有着重要的意义。

第二节　数字创意产品扩散理论

一、数字创意产品扩散内涵及特征

通常情况下，我们将产品扩散理解为企业研发技术和大众创新相结合的动态接受过程。它是指企业通过口碑相传或传播媒体宣传等方式，将开发的新产品引入市场的过程。在此过程中，研发的产品逐渐被大众所接受，从而产生第一批产品体验者，再由他们继续通过口碑相传等方式将新产品传播给潜在消费者，由此产品形成了不间断的扩散。以数字创意产品为例，一些消费者是出于偏好，他们喜欢尝试数字创意产品，而大部分是消费者要等到数字创意产品被试用后才会采用。还有小部分是非常谨慎者，他们要等到数字创意产品变成传统事物后才会采用。从扩散率的角度来看，早期采用数字创意新产品的人数较少，产品的扩散速度较慢。随着该产品逐渐进入人们的视野并被人们所接受，被更多的潜在消费者所采用，此时扩散速度明显加快。当绝大多数潜在消费者采用新产品时，扩散速度会变得越来越慢[5]。当市场潜力和使用者数量相等时，扩散速度变得缓慢稳定，此过程称为"传染病"式传播模式。

产品扩散过程是呈非线性动态演变的，它由扩散源、扩散对象、扩散方法组成。数字创意产品的扩散特征可以概括为4点：自我组织、开放性、动态性和非线性[6]。在产品扩散的过程中，由于市场竞争的激烈程度、政策法规的影响及消费者需求的多样化等诸多不可控因素的存在，产品扩散的非线性特征和动态演变变得尤为复杂。

二、数字创意产品扩散影响因素

伴随着消费需求的不断改变及市场准入门槛的降低，生产同类型产品的企业数量开始增加。虽然新产品不断涌现，但能否被消费者所采用是无法预知的。公司发展进入市场后，一些数字创意产品迅速得到消费者的热捧，很快占领市场；但另外一些数字创意产品可能由于多方面的因素未能在市场上顺利扩散，甚至在短时间内消失于市场。有的新产品前期发展态势好，但后期发力不足，在一定程度上会被其他同类产品所代替。还存在一些新产品，前期销量不佳，但是后期逐渐被消费者接受。诸多因素相互作用决定了新产品在市场上的推广情况。具体影响因素大致可分为产品本身因素、环境因素、企业因素、消费者因素、传播渠道因素及市场结构因素等，如图4-1所示。

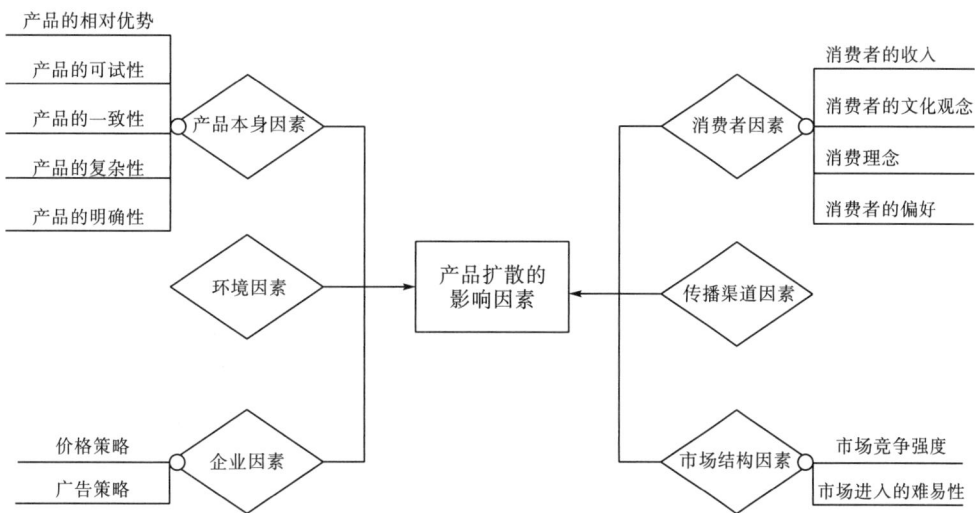

图4-1 产品扩散的影响因素

（一）产品本身因素的影响

产品独特性是其是否能被大众所接受的重要因素。新产品被大众接受所花费的时间也存在差异性，有的产品在投放市场后迅速被推广，而有的产品经过长时间的推广也未得到市场的接受。由此可以看出产品自身的特殊性是尤为关键的，同时也是研发过程中需要被重视的。相关研究表明产品的特性可从其所具有的相对优势、可试性、一致性、复杂性、明确性等方面进行考察。

1. 产品的相对优势

数字创意产品的相对优势主要是通过与传统产品或同类竞争产品相比较，因表现出的额外优势，成为性价比高的产品。该产品的扩散过程实则也是消费者了解产品，不断减少消费者对产品的不确定性，增加对产品的认知的过程[7]。消费者通过多渠道了解产品信息，逐渐熟悉产品性能，再感知到产品的使用性能后成为该产品的采用者。与旧产品相比，新产品在性能、便利性、操作性等方面一般具有更大的优势。相对旧产品而言，新产品所具有的优势越多，越能满足潜在消费者的需求。在激烈的市场竞争中，独特的产品优势是成功推广新产品的关键[8]。产品所具有的相对优势直接影响着企业的竞争力，是其被市场接受的关键因素。

2. 产品的可试性

数字创意产品的可试性主要是指促使消费者使用该产品的形式，使消费者在试用过程中感受到其效果后，从潜在消费者逐步变为产品采用者。产品的可试性主要在产品扩散的早期阶段使用，企业可以通过促销手段，如赠送体验券等方式，让潜在消费者来体验数字创意产品的功能。

3. 产品的一致性

确保数字创意产品的一致性，是站在消费者的立场提出的。新产品被赋予的内涵、功能需与潜在消费者的消费理念、需求观念、思想价值观念保持一致。经过调查发现，在市场中具有竞争力的产品往往是能在一定程度上迎合消费者日益增长的消费理念及思想价值追求。因此，数字创意企业需要结合时代技术的发展，研发符合当代消费者价值观念的数字创意产品，从而达到迅速扩散的效果。

4. 产品的复杂性

新产品的复杂性也是从消费者的视角提出的。在研发新产品的同时要考虑该产品使用和操作的难易程度。例如，数字创意企业在研发过程中，要从学习论角度出发，考虑新产品的操作是否能被大众接受。若产品操作过于复杂，会导致潜在消费者花大量时间去学习掌握，由此不可避免地会降低产品扩散效率。

5. 产品的明确性

新产品的优势性能是否能被潜在消费者所识别尤为重要。在激烈的市场竞争中，易于识别的数字创意产品往往可以在竞争中胜出，传播速度也会很快。除此之外，产品的价格因素、质量因素也会影响产品在市场中的扩散。在竞争激烈的市场中，若想取得重大突破，数字创意产品研发者需要不断地提高产品的性能，从而迎合广大数字创意消费者的需求。

(二)消费者因素对产品扩散的影响

消费者由于收入、文化素养、消费理念、消费偏好的差异，在选择产品时也会有一定的差异。消费者自身的因素在一定程度上也影响着新产品的扩散程度。

1. 消费者的收入

消费者的收入状况影响着他们的消费模式。收入比较乐观的消费者，其消费需求、消费意愿都会相对较高，他们更愿意尝试一些新产品，在购买过程中考虑的价格因素也相对较少，从而更容易成为新产品的体验者和使用者。

2. 消费者文化素养

消费者文化素养的差异会体现在他们的消费理念上，如文化素养相对高的消费者对精神层面的追求会更高。相关研究表明，文化素养较高的消费者更容易接受新事物，且能更快地掌握新产品的操作和功能。受教育程度越高，越容易认知新产品的复杂性，越能在短时间内掌握新产品的操作，从而更有可能成为新产品的采用者。

3. 消费理念

消费理念也是影响消费者购买行为的重要因素之一。消费者的消费理念具有主观意识，因此不同消费者的消费理念也是具有差异的。有的消费者追求的是标新立异，广泛采用新产品，有的则具有随大众的消费理念，成为采用新产品的模仿者。消费者不同的消费理念及自身的消费特征会在购物过程中体现，同时也影响着产品的扩散趋势。将新产品扩散过程中的创新者、模仿者进行分类，一般包括初期的创新者、早期采用者、早期多数、晚期多数及落后者，如图 4-2 所示。

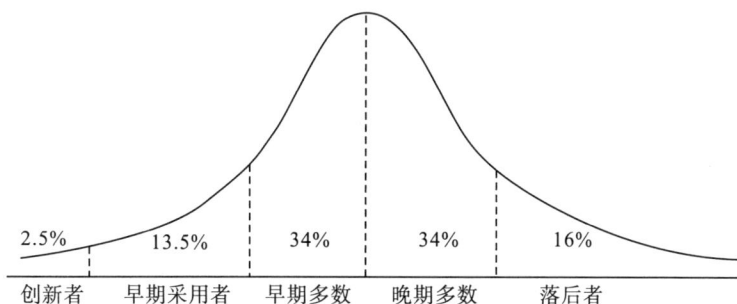

图 4-2　关于创新者和模仿者的分类

4. 消费者偏好

消费者偏好主要是指选择产品的一种倾向行为。偏好行为产生的消费行为在很大程度上除能给消费带来产品本身的效用外，还能带来心理层面的效用。在消费过程中，消费者会受到自身偏好的引导。同时，消费者会通过口碑相传的影响作用，减少其对新产品的不确定性，发生从众行为，成为新产品的采用者。

（三）环境因素对产品扩散的影响

数字创意产品能否在市场上扩散，与内部、外部环境因素都有密切的联系。国家所颁布的法律法规和行业发布的相关规定都会影响数字创意产品的发展[9]。社会经济因素在一定程度上也会对产品扩散造成相应的影响。社会经济因素主要包括消费群体的购买能力、经济收入情况、支付水平等要素。除此之外，文化层面的观念、科技发展水平及空间因素等也会对新产品的扩散产生一定的影响[10]。正是由于存在这些不可控的环境因素，新产品的扩散过程才存在相对多的不确定性。从微观角度出发，整个市场环境的发展情况是主要的环境因素，如市场上同类产品的竞争程度、扩散状况、行业中所存在的威胁与挑战、产品更替情况及产品的生命周期等[11]。企业的生存及产品的扩散，需要从这些方面把握。除此之外，企业自身的环境因素也会影响产品的扩散程度。例如，企业对产品推广营销策略的制定、对产品创新技术的投入情况及与消费者关系的维系等。

(四)传播渠道策略因素对产品扩散的影响

传播渠道因素也可称为产品扩散的传播途径及方式。企业将产品信息通过一定的传播渠道进行传播。传播渠道主要涵盖两类：一类是通过人与人之间传递信息；另一类则是靠媒介进行传播。人与人之间的传播方式主要是通过口碑相传的方式使潜在采用者获取产品信息。媒介传播方式主要是借助传播媒介进行信息推广，如网络媒体、电视播报、刊登杂志等。消费者通过这些渠道来了解产品的信息。在产品扩散过程中，传播渠道因素是相当关键的，第一批数字创意产品体验者，可将自身的体验感通过口碑的方式传播给其他潜在消费者，以此来拓宽数字创意产品的波及范围。与此同时，数字创意企业也可通过一些媒介来提高产品的知名度。两种渠道可以配合使用来获得更好的推广效果。在数字创意产品扩散过程中，通过口碑、媒体等方式吸引潜在采用者，使其成为产品的模仿者、追随者，以此来完成整个扩散流程。

(五)企业策略因素对产品扩散的影响

企业策略是指企业为了获取更多的经济价值所采取的各种策略，包括价格策略、营销策划、宣传策略等。新产品进入市场后，企业会通过一系列的传播手段将产品信息传递到社会系统中。潜在消费者会根据产品所带来的创新效应、模仿效应来判断是否选用此产品。企业策略与产品的扩散趋势、扩散速度都有着密切的联系。

1. 价格策略

在实际的交易过程中，新产品的价格高低在一定程度上会影响消费者的需求变化和购买行为。产品价格过于昂贵，即便消费者有所青睐，也会限制其消费动力和行动。从该层面可以看出，企业所出台的价格策略对新产品的扩散有很大的影响力。数字创意企业若想在竞争激烈的市场中占领优势地位，就需要重视数字创意产品的技术研发。通过技术创新，在保证产品功能价值的基础上，降低其开发成本，使消费者得到物美价廉的产品。消费者花费较低的价格实现了自己的需求，企业在获得收益的同时也促进了新产品的扩散。部分数字创意企业在产品扩散初期，通过价格优惠策略来广泛吸引"创新者"，待产品在市场中逐步稳定后，随着边际效用的减少，产品的销售利润随之减少，从而再采取价格上涨，这将导致模仿者数量逐步下降，扩散曲线也随价格策略的改变而产生变动。

2. 广告策略

企业通过广告的形式突出产品的独特优势，有效地传达购买该产品所能带来的效益。通过该方式，不仅能吸引广大潜在消费者的注意力，还能潜移默化地引导观众产生消费冲动、消费欲望。尤其在同类产品种类繁多的情况下，消费者将面临无法鉴别产品的差异所在。企业借助广告传媒，赋予产品新的内涵，打破与消费者之间的信息不对称，从而得到消费者的认可。

（六）市场结构因素对产品扩散的影响

市场结构在一定程度上能反映市场的垄断性，能反映行业市场中的需求、供应关系，反映市场的竞争激烈程度和进入市场的难易度[12]。

1. 市场竞争激烈程度

市场竞争的激励程度对新产品的扩散尤为重要，在垄断的情形下，市场竞争强度相对较小，产品扩散主要受消费者需求、技术创新的影响。伴随着消费者需求不断变化及市场准入门槛降低，大量企业开始加入同一行业，在竞争市场中形成新产品的快速扩散。同一行业中不仅存在新产品、旧产品，还有各种替代产品、竞争产品等，市场竞争越激烈，企业越要通过不断增加研发投入，给自身带来竞争实力，从而保持本企业在该市场中的占有率。

2. 市场进入难易度

市场进入难易度的高低在一定程度上影响着市场结构。市场进入难易度也影响着市场的垄断程度，如垄断市场潜在进入者的市场进入难度大，新产品的大幅度扩散则会给现有的企业带来高利润。目前市场竞争激烈，市场的进入难易度也相对较低，从而出现了潜在竞争企业可以在较短时间内模仿其他企业所生产的同类产品。由此会出现大量的产品供应商，消费者的选择面变广，从而导致各企业产品的扩散情况出现变化。

三、数字创意产品涉及的扩散理论

数字创意产品所涉及的扩散理论主要包括传播论产品扩散理论、学习论产品扩散理论及替代论产品扩散理论。

（一）传播论产品扩散理论

传播论产品扩散理论对产品扩散的影响最大，并且在此基础上建立了 Bass 经典模型。其中，对此理论解释最详细的是罗杰斯的《创新扩散》。罗杰斯在文中指出，产品传播的实质是随着时间的推移，通过诸如大众媒体和口碑相传等传播途径，企业将自身研发的新产品推广给广大消费者。在传播论中，主要从产品需求方、供应方的视角来研究新产品扩散传播理论。从需求方角度出发，消费者希望能了解到产品的真实信息，这样有利于他们在同类品牌中选择能满足自身消费需求的产品；从供应方角度出发，产品的扩散过程是由企业供应方通过一定的传播途径将产品信息传递给消费者的整个过程。产品的扩散源为企业，在扩散过程中，企业也会采用口碑相传及大众所熟知的传媒工具传递产品信息。随着时间的推移，潜在消费者逐渐转变为产品采用者。

数字创意产品的采用主要是针对用户而言的，在产品扩散过程中，消费者需要经历对数字创意产品的认知、体验、成为忠实用户等过程。站在供应商角度，则可以研究数字创意产品是如何从供应商传播到需求者的。

（二）学习论产品扩散理论

从学习论的角度出发，产品的扩散过程实际上也是一个学习的过程，潜在消费者通过一定的时间对产品进行认知、采用，促进产品扩散。潜在消费者会花一定时间对产品进行了解，同时他们会向已采用者咨询产品的体验效果，他们在充分认知产品的效用后，开始选择合适的时间进行试用，以此来规避采用风险。经过一段时间了解，潜在消费者降低了对新产品的不确定性后，最终会购买该产品，成为采用者。产品供应商在扩散过程中也会不断进行学习来更新技术。例如，数字创意产品在投放市场初期往往不是一帆风顺的，可能会遇到一些技术上的难题，此时就需要供应商进行学习来完善，加大技术层面的研发，降低部分生产成本，降低产品的市场价格，从而使广大消费者更容易接受。不管是站在消费者的角度，还是站在供应商的角度，数字创意产品的传播过程都是一个不断学习的过程。消费者可以通过学习来提高自身效用水平，供应商也可以通过技术升级来提高企业的利润。

（三）替代论产品扩散理论

消费者的需求会随着时间的推移而不断变化，企业只有不断升级产品和提升产品服务质量，才能在激烈的竞争中保持优势。替代主要指产品的更新换代。新产品往往具有旧产品所无法比拟的优越性，在功能、质量、用途等方面更具有优势。潜在消费者在对新产品认知的基础上，开始对比旧产品，从而在效用水平最大化的消费理念下，逐步淘汰旧产品，采用新产品。市场上潜在消费者对旧产品的需求量下降，则导致市场的供给量也随之减少，最终旧产品逐步被新产品所取代。新产品的出现往往会对原有产品的销量造成冲击，也在一定时间内造成原有产品在市场中所占的份额急速下降。因为新产品更能满足消费者日益增长的需求，且相比之下更具有效率性和性价比高等优势。替代产品也可被理解为在同一行业的企业生产出可以满足类似需求的产品。产品替代论更强调产品升级的过程，重点研究的是产品产生替代的影响因素及替代品进入市场所产生的威胁等。产品替代论将新旧产品替代的过程划分为 3 个阶段：新产品与旧产品共存时期、新产品替代旧产品的垄断时期、新产品走向衰退的时期。

四、数字创意产品扩散模型概述

随着科学技术的高速发展，技术含量较高产品的生命周期越来越短，创新的难度随着产品中知识和技术含量的不断增加而增大，新产品上市一两周可能就面临类似产品的竞争或者被淘汰的局面，数字创意产业想要更好地发展，需要研究其产品的扩散规律。数字创意产品供应商想快速占据市场，他们通常会对某一系列数字创意产品进行技术创新，对创新后的新一代数字创意产品再次进行技术上的改进，提高功能的适用性与实用性，以留住使用该产品的用户或吸引未使用该产品的用户，开辟新的市场需求，实现创新产品扩散。

20 世纪 60 年代，Bass 模型被提出后，创新产品扩散相关研究开始活跃。Bass 模型开创了扩散模型研究的新局面，它不仅明确了扩散理论的研究方向，同时奠定了扩散理论的基础[13]。许多研究者在此基础上不断完善扩散理论内涵和模型构建，或者对其进行进一步拓展及改进，让其更符合市场现状。以 Bass 模型为基础的各种扩散模型也被应用到不同领域中。

（一）Bass 扩散模型

1. Bass 模型的基本原理

Bass 模型属于单代扩散模型，主要是针对一代产品的首次购买而设计的模型。Bass 模型也为后来诸多新产品扩散模型的研究奠定了基础，后期研究成果大都是以 Bass 模型为基础来展开的[14]。

1969 年，Bass 结合 Fourt 和 Woodlock 与 Mansfield 的观点提出了耐用品的首次购买模型，该模型的假设条件即是其中每一个消费者只能购买一次该产品，不能存在重复购买的现象，由此一来购买者数量就直接等于产品的销售量。Bass 假设新产品的潜在消费者会受到两种传播方式的影响：一种是大众媒体的影响，商家通过广告、媒体宣传吸引潜在消费者，此类采用者称为创新者[15]；另一种是口碑传播的影响，此类采用者称为模仿者。Bass 模型的基本原理如图 4-3 所示。

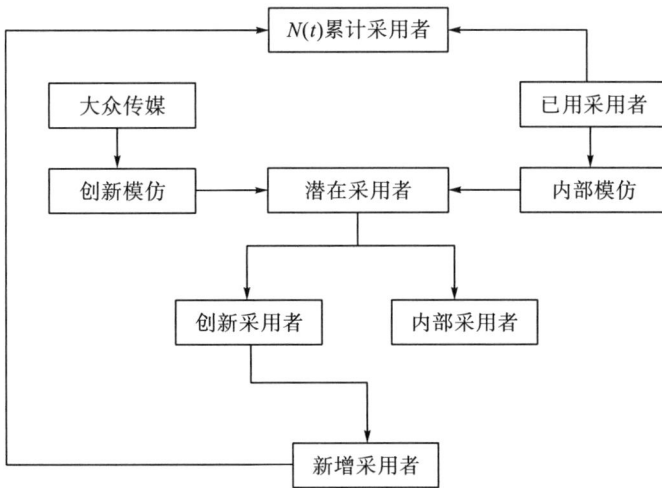

图 4-3　Bass 模型的基本原理

Bass 模型的形式为

$$\frac{f(t)}{1-F(t)} = p + qF(t)$$

其中，$f(t)$ 表示在 t 时刻采用者的概率密度函数；$F(t)$ 表示到 t 时刻采用者的累计密度函数；p 表示创新系数；q 表示模仿系数。

若 m 代表市场潜量，那么在 t 时刻的采用者数量可以表示为 $n(t) = mf(t)$，0 到 t 时刻的累计采用者可以表示为 $N(t) = mF(t)$，由此 Bass 模型可以写为如下形式：

$$n(t) = \frac{dN(t)}{dt} = mf(t) = m\big[p + qF(t)\big]\big[1 - F(t)\big]$$

$$= \big[pm + qN(t)\big]\big[1 - F(t)\big] = p\big[m - N(t)\big] + \frac{q}{m}N(t)\big[m - N(t)\big]$$

Bass 模型中所展示的扩散主要是由创新采用者和模仿采用者构成，其区别主要在于采用者是否是主动购买的。创新采用者在初期影响很大，随着时间的推移，其影响作用会慢慢变弱。

2. Bass 模型曲线变化趋势

Bass 模型由创新效应模型和模仿效应模型组成，产品用户数的增加分为由创新因素引起和由模仿效应引起，如图 4-4 所示。由创新因素引起的产品用户数增量，主要受大众媒体宣传的影响，在模型中用 p 表示，称为创新系数或外部影响系数。由模仿因素引起的产品用户数增量，主要受口碑信息的影响，在模型中用 q 表示，称为模仿系数，也可称为内部影响系数。新增产品用户数最早是由创新因素带来的，为最终市场潜量 m 与创新系数 p 的乘积，即 pm。

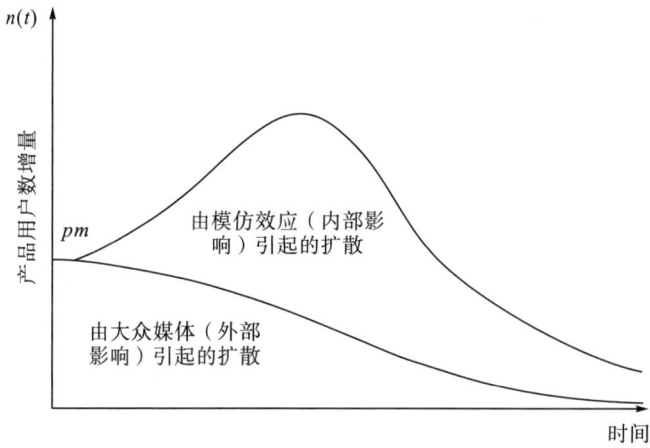

图 4-4　Bass 模型的概念框架

产品扩散了一段时间后，市场上的已采用者会出现不断增加的趋势，但到市场逐渐饱和时，其增长速度慢慢平缓，最后为 0。故此，在产品扩散过程中，新增采用者的曲线通常呈倒"U"型，而累计采用者的曲线呈"S"型，如图 4-5 所示。

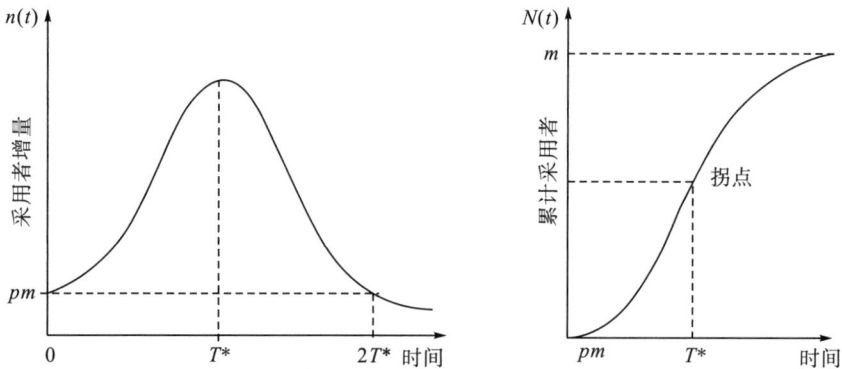

图 4-5　Bass 模型的分析框架

3. Bass 模型的基本假设

Bass 模型是建立在一定假设的基础之上的，其假设条件如下：

(1)创新产品的市场潜量是固定不变的，为常量。

(2)研究对象产品的扩散是独立的，因此不用考虑其他产品对研究对象产品的影响。

(3)创新产品在扩散过程中并没有改良或者升级的现象发生。

(4)创新产品扩散过程中辐射的范围保持不变。

(5)消费者只能做出两种选择：接受或不接受。

(6)扩散过程不受营销手段的影响而产生波动，创新系数和模仿系数都为常数。

(7)外部因素不会影响研究对象扩散的形式。

(8)创新产品扩散过程中的供给是理想的，所有需求都能被满足。

(9)在创新产品扩散过程中，不存在重复购买行为，每个消费者只能购买一次产品。

Bass 模型的假设条件是很苛刻的，因此后来很多研究者对 Bass 模型的假设条件进行了优化，使其更符合现实的情况。

(二)Norton-Bass 模型

企业为了在激烈的市场中保持自身的优势，会不断地对前一代产品进行升级，从而推出新一代产品。由于新一代产品并不能在初期马上占领市场，因此在一定的扩散阶段会出现多代产品共存的现象[16]。各代产品更新换代的时间间隔也逐渐在缩短，新一代产品对前代产品的扩散影响也逐渐变大，每代产品之间都存在很强的依赖关系，因此把握多代产品的扩散趋势，对企业随实际扩散情况制定出相应的市场策略具有很重要的现实意义[17]。

Norton-Bass 模型在 Bass 模型的基础上进行了改进扩展，常被用来研究多代产品的扩散。它站在多代产品之间关系的角度，分析创新产品的市场扩散趋势。不同于 Bass 模型设定的首次购买情境，Norton-Bass 模型结合了高科技产品更新换代的特点，考虑了扩散和替代的因素，因此更适用于描述高科技产品更新换代的扩散过程[18]。

新一代产品通常会在前代产品未达到市场最大潜力时就开始扩散，因而新一代产品的潜在市场由潜在采用者和实际采用者组成。其中一部分是由于新一代产品的性能吸引的之前未试用前代产品的潜在消费者，还有一部分是前代产品的采用者。以上是构建多代产品扩散模型的基础，由此 Norton-Bass 模型做出了如下假设：在多代产品扩散过程中，新一代产品在品质各方面相比前代是具有优势的，每代创新产品被接受的时间密度函数依赖于变化的市场潜力[19]；在其扩散过程中，用户一旦选择了新一代产品就意味着不会再采用前代产品；研究对象产品购买量的增长率与前代产品购买量及产品的潜在购买者数相关；单位时间的平均消费率接近一个常数；研究对象产品购买量与时间相关。

下面是三代产品的 Norton-Bass 扩散模型：

$$N_1(t) = F(t)m_1\left[1 - F(t - \tau_2)\right]$$
$$N_2(t) = F(t - \tau_2)\left[m_2 + F(t)m_1\right]\left[1 - F(t - \tau_3)\right]$$
$$N_3(t) = F(t - \tau_3)\left[m_3 + F(t - \tau_2)\right]\left[m_2 + F(t)m_1\right]$$

Norton-Bass 模型假设第 i 代产品的平均购买率为 p_i，相应的总的市场潜量表示为 $M_i = \rho_i m_i$。在该模型中，各代之间的创新系数 p 和模仿系数 q 是相同的。其中，τ_i 表示第 i 代产品的进入时间；$F_i(t)$ 表示 t 时刻的累计密度函数，形式如下：

$$\begin{cases} F_i = F(t - \tau_i) = \dfrac{1 - \mathrm{e}^{-(p_i + q_i)(t - \tau_i)}}{1 + \left(\dfrac{p_i}{q_i}\right)\mathrm{e}^{-(p_i + q_i)(t - \tau_i)}}, & t \geqslant \tau_i \\ F_i = F(t - \tau_i) = 0, & t < \tau_i \end{cases}$$

通常情况下，多代创意产品扩散过程的特征如下：①新一代技术比前代技术采用的时间更短；②新一代产品扩散量的变动比前代产品更明显；③口碑效应及新一代产品性能提高等因素，使新一代产品的潜在市场不断增长。模型中第 i 代产品的市场潜力来源于两部分：一部分是由于产品性能提高，第 i 代产品新开拓的新增潜力 m_i；另一部分是由前代产品转移来的市场潜力。

Norton-Bass 模型扩散过程中累计扩散量的变化过程分析如下：

(1) 当市场中只有一代产品时，产品的扩散时间为 $0 < t < \tau_2$，该产品的最大市场潜力为 m_1。

(2) 当市场中出现两代产品时，产品的扩散时间为 $\tau_2 < t < \tau_3$，第二代产品的市场潜力由两部分组成：一部分是第二代产品自身新开拓的市场潜力 m_2；另一部分是由前代产品转移而来的市场潜力。

(3) 当市场中出现三代产品时，产品扩散时间 $t \geqslant \tau_3$，三代产品在市场中同时扩散。当第三代产品进入市场后，前面两代产品的市场潜量都会慢慢开始减小，并逐步转移到第三代产品中。此时，第三代产品的潜在市场除一部分由本身开拓的新市场 m_3 带来外，其余部分都是由其他两部分的市场潜量转移而来。

随着经济全球化的高速发展，市场上数字创意企业数量也越来越多，在激烈的竞争中，如何从数字创意产品扩散中分析策略，以及如何扩大市场占有率，是业界关注的重点。本书主要是通过传播论产品扩散理论、学习论产品扩散理论、替代论产品扩散理论来对数字创意产品进行研究。产品扩散的传播理论影响最大，并且在此基础上建立了 Bass 模型和 Norton-Bass 模型。Bass 模型是研究产品扩散的经典模型，近年来许多学者致力于扩展其应用范围，Norton-Bass 模型常用来描述高新科技产品的更新替换，Norton-Bass 模型建立在 Bass 模型之上，且更符合产品扩散的现实情况。本书将 Bass 模型及 Norton-Bass 模型运用到数字创意产业研究领域，并且结合市场竞争和更新换代等因素来建立数字创意产品的扩散模型，以此来分析其扩散趋势[20]。本书通过对数字创意产品扩散过程进行仿真模拟，分析数字创意产品的扩散趋势，为数字创意企业更好地制定产品竞争性扩散策略提供了科学的理论方法。

第三节　数字创意用户迁移影响因素理论概述

一、消费者迁移行为界定

Reichheld 在 1992 年对迁移行为进行了界定，他指出消费行为主要受消费者自身的内部因素和市场等外部因素影响，通常表现为消费者从之前的品牌购买转移到了对其他品牌的购买消费过程。Keaveney 在 1995 年对迁移行为进行了重新定义，他认为消费者意愿转移主要是由于用户的消费倾向发生了改变，新定义指消费者不再购买目前使用的产品或消费者从以前购买过的商品、服务迁移到采用其他产品、服务的消费行为倾向。目前在市场营销领域有很多学者对消费者品牌转移进行了多方位的研究，他们的研究集中体现在探讨促使迁移行为发生的因素上，这些影响因素大致可以分为两类：一类是关注促销手段(如广告、优惠券等因素)对用户迁移带来的影响；另一类是关注消费者的个体差异等因素对他们的迁移行为产生的影响作用。2001 年，Keaveney 提出顾客选择性行为、态度和人口特征 3 个因素是顾客迁移行为的预测指标。Brady 和 Cronin 的研究表明消费者在产品扩散过程中感知新产品的性能后会大概率地出现迁移行为。2009 年，周军在客户转换动因的基础上，引入了顾客感知等价值变量，相关研究表明消费者感知价值对产生消费者迁移起着重要的传递作用。通过总结归纳以往研究者对消费者迁移行为产生的相关研究，可以发现用户产生迁移行为是由多方面的因素所造成的，包括外来因素(如市场环境因素)和消费者内在因素(如消费者自身的消费理念)。

二、推-拉-锚定(PPM)迁移理论概述

PPM 也叫推-拉-锚定模型，是 Push－Pull－Mooring 的简称，其主要对用户迁移过程中的影响因素进行研究，结合消费者行为、消费者需求进行分析，将用户从某区域/某品牌/某渠道迁移到另一区域/品牌/渠道的影响因素分为推动因素、拉动因素和锚定因素 3 个方面。该模型最早出现在人口学的研究中，用于分析人们区域迁移的影响因素。后来 Bansal 运用该模型对消费者的迁移行为进行研究，在对消费者需求分析的基础上，明确了影响消费者迁移意愿的推-拉-锚定因素的内涵：①推动作用，促使消费者离开原渠道的因素；②拉动作用，拉动消费者从原渠道转移至新渠道的正向因素；③锚定作用，阻碍消费者发生迁移的因素。Bansal 的研究意味着 PPM 模型适用于研究用户迁移过程，该模型充分考虑了消费者的影响，将消费者需求与用户迁移的影响因素相联系，同时对于解决用户迁移领域的问题有较强的适用性。

在 PPM 模型框架中，推动、拉动和锚定变量对用户迁移过程中转换渠道、平台和选择另一产品的意图具有调节效应。在具体的市场营销过程中，推动主要是研究用户对现有产品或服务的不满意因素，分析消费者放弃以前选择产品或服务的真实原因；拉动主要是研究消费者选择替代产品或服务的原因，大多关注的是促使用户选择转移替代产品或服务的吸引作用因素；锚定因素主要研究的是现有产品或服务对用户的吸引力或阻碍用户迁移

行为发生的因素，通过收集文献资料总结得出锚定因素一般包括转移成本、个人情感、主观感受等。

　　推-拉-锚定迁移理论模型作为一般性的研究模型，并未对推动、拉动、锚定因素作具体的描述，因此该模型的应用对象并不仅限于某一特定的应用领域或场景。同时，推-拉-锚定迁移模型应用对象的自主选择性较广阔，使得目前该模型的应用范围非常广泛，研究者可以结合研究对象的实际情况，针对性地分析其影响因素。

　　产品或服务性质不同也会影响用户迁移，消费者发生迁移行为通常是指不再购买之前使用过的产品或服务，而选择另外的产品或服务。而在信息领域中，由于数字化产品、服务具有易拓展性，用户可以同时使用多种类似的产品或服务。迁移行为也可以是部分的、渐进的，如非智能手机并非完全被智能手机所取代，一些用户会根据自身需要而选择同时使用它们。

　　本书利用推-拉-锚定这一理论框架，将多种影响因素整合在一起，为后面章节的实证研究奠定理论基础。例如，用户对微博的不满意是推动因素，微信相比微博的相对有用性和相对易用性、管理规范因素是拉动因素，转移成本和情感承诺是主要锚定因素，这 3个因素影响用户的迁移意愿。

本 章 小 结

　　消费者需求理论站在消费者的角度分析消费者需求，同时也为产品扩散、渠道迁徙行为的研究提供了新思路；产品扩散理论可将数字创意产品的扩散过程进行仿真分析，以揭示企业市场行为与产品扩散规律；PPM 模型较为全面的影响因素分析视角为学者提供了研究借鉴。消费者产品扩散理论、消费行为理论及 PPM 理论为本书及以后学者的研究提供了理论基础与方法借鉴。

参 考 文 献

[1]Fang F, Xu X. An analysis of consumer training for feature rich products[J]. Decision Support Systems, 2011, (52): 169-177.

[2]Li M, Wang L, Wu M. A multi-objective genetic algorithm approach for solving feature addition problem in feature fatigue analysis [J]. Journal of Intelligent Manufacturing, 2013, 24(6): 1197-1211.

[3]Tsai B H, Li Y M, Lee G H. Forecasting global adoption of crystal display televisions with modified product diffusion model[J]. Computers & Industrial Engineering, 2010(58): 553-562.

[4]Lakshmanan A, Krishnan H S. The aha!experience: insight and discont inuous learning in product usage[J]. Journal of Marketing, 2011, 75 (6): 105-123.

[5]邵鹏, 胡平. 在线消费者网络驱动下的电商产品扩散研究[J], 科技管理研究, 2015(04): 151-157.

[6]Tsai B H. Modeling diffusion of multi-generational LCD TVs while considering generation-specific price effects and consumer behaviors[J]. Tec novation, 2013, 33(10): 345-354.

[7]Naimzada A K, Tramontana F. A dynamic model of a boundedly rational consumer with a simple least squared learning mechanism[J]. Computational Economics, 2010(1): 47-56.

[8]Naimzada A K, Tramontana F. Endogenous reactivity in a dynamic model of consumer's choice [J]. Discrete Dynamics in Nature and Society, 2012(10): 1-9.

[9]赵奇伟, 秦帆, 严兵. 中国工业企业生产率的动态变化机制: 自我驱动、技术扩散与同业竞争[J]. 经济学动态, 2016(10): 50-62.

[10]孙冰, 沈瑞. 行业竞争强度对创新扩散效率的影响——知识吸收能力的中介作用[J]. 科技进步与对策, 2016(10): 59-65.

[11]蔡霞, 宋哲, 耿修林. 先发企业的崛起与后进企业的逆袭——基于小世界网络的创新扩散仿真研究[J], 南开管理评论, 2017(12): 48-49.

[12]Malcolm B, Vamsee K, Manoj K. An evolutionary algorithmic approach to determine the Nash equilibrium in a duopoly with nonlinearities and constraints[J]. Expert Systems With Applications , 2017, (74): 29-40.

[13]霍良安, 蒋杰辉, 李嘉翎. 创新产品信息扩散的动态最优控制[J]. 系统工程, 2016(12): 87-92.

[14]林杰, 李岩峰, 聂规划. 社会网络与新产品扩散协同演化研究[J]. 科技进步与对策, 2018(1): 11-24.

[15]陶晓波、张欣瑞、杨建坤等. 在线评论、感知有用性与新产品扩散的关系研究[J]. 中国软科学, 2017(7): 162-171.

[16]Speece M W, Maclachlan D L. Application of a multi-generation diffusion model to milk container technology[J]. Technological Forecasting and Social Change, 1995, 49(3): 281-295.

[17]Yan H S, Ma K P. Competitive diffusion process of repurchased products in knowledgeable Manufacturing[J]. European Journal of Operational Research, 2011, 208(3): 243-252.

[18]Theodore Modis, Mahajan V. Innovation diffusion and new product growth models: A critical review and research directions[J]. International Journal of Research in Marketing, 2010, 27(2): 91-106.

[19]Christian S, Markus G. Innovation diffusion of repeat purchase products in a competitive market: an agent-based simulation approach[J]. European Journal of Operational Research, 2015(8): 157-167.

[20]Ayhan A, Rodney P. Innovation and technology diffusion in competitive supply chains[J]. European Journal of Operational Research, 2017(3): 1102-1104.

第五章　数字创意产品及消费者需求分析

第一节　数字创意产品消费特点及消费群体

一、数字创意产品的消费特点分析

不同性质的数字创意产业其产品也存在差异，如数字创意产品的广告和电影的生产制作方式及消费特点有着本质的区别，但都具有创新性、文化延伸性及能够快速被市场化和商品化等特点。数字创意产品的消费特点如下。

（一）数字创意产品符号消费和意义消费

数字创意产品将许多事物作为符号加以利用，并为其赋予特殊的象征意义，消费者利用与他人交换这种意义来达到自己的目的。例如，消费者所处的生活空间正在成为一个符号空间或意义空间，并且现实社会的大众消费在实际上已远远超出实际需求，逐渐演变成符号化的物品和服务中所蕴含的意义消费。消费者在进行某种商品和服务购置时，其最大的主观目的是满足情感的享受、体验特殊的意境、追求特殊的意义及获得特殊身份的认可，而不是追求它的实际价值。由于消费符号化和象征化的原因，当下社会的消费传播也呈现出差异化的特点，如对个性和与众不同的追求。企业为了在商品市场中具有强大的竞争力，故而提出数字创意产品新概念，并作为市场竞争的一种主要手段。消费符号化和象征化作为当前时代的一种特有标志，并逐渐向其倾斜，且将其作为当前时代消费特色的最好载体。与其他产品类似，数字创意产品在消费和传播中也会出现物质性的损耗，但独特之处在于当数字创意产品的物质形态被损耗甚至消失时其创意和象征价值并不会因质料的损失而损失，而是会转移到其他同类产品中去[1]。

（二）数字创意产品价值递延性

数字创意产品在消费和价值传递过程中，其本身所蕴藏的象征价值也会相应增加。从纵向角度，数字创意产品本身可能会由于消费者的累积而不断产生新的象征价值。以小说为例，小说更高层次的审美意义和社会内涵不断被挖掘，其主要源于读者和评论家对其进行较为深度的评论。从横向角度，数字创意产品本身并不会在一次的消费行为中结束，在消费者对产品进行的每一次消费行为中，产品都具有较为完整和独立使用的价值。以电视剧为例，电视剧之所以能够被反复播放，主要在于消费者不会因再次播放而低估它的使用价值，即说明新的消费观众并不会受已有观众观看过此产品而降低对其的评价，相反，新加入的消费者可能是由于其他观看过这部电视剧的消费者的介绍，才拥有去观看的想法。在实际生活中，数字创意产品的价值递延作用更多地体现在其产品本身的生成循环过程中，而不是仅仅体现在产品上。应注意到，数字创意产业的运行是一个循环性链条，其资源、产品、创制者等各个环节之间能够相互生成，且可以由两部分体现出来：一部分是产品各个环节的价值递延作用可以互相产生影响；另一部分是产品本身价值的增加，对创制者的品牌价值的提升有着重要的作用。

(三)数字创意产品的个性化开发和工业化复制

数字创意产业规模的扩大，对传统艺术创作的作坊生产模式有着较大的冲击，在很大程度上来源于巨大的市场需求、科学技术的创新扩散、经济水平的提升，但同样利于工业化流水线生产的不断输出和形成一定规模的生产复制。数字创意产品在激烈的市场竞争中能够拥有一席之地，主要是由于产品的个性化。

当前较为突出的消费形式为个性化消费，并逐渐成为消费者进行消费的一大前提，若将追求前卫的个性化作为衡量得到消费者认可的一种标志，则表明产品正在由创新阶段向扩散阶段过渡，工业化进行生产的必然选择将会是满足消费者的某种消费需求，由此也会造成由创新向个性化转变、个性化被大众认可及采用生产工业化满足需求，最终在新一轮的循环过程中形成后续产品的开发。当消费者对产品的需求得到满足时，在很大程度上，新的消费者需求也会产生，并在某种程度上激发出消费者新的消费想法。在创新产品扩散的过程中，产品本身的矛盾主要存在于对数字创意产品个性化、差异化与产品工业化生产流水线标准化的需求之间，且对整个工业化生产的标准化起着积极作用，对促进数字创意工业进行创意生产、流水线生产等方面扮演着不可或缺的动力和策略角色。

产品本身的个性化更多的是体现在消费的过程中，而不是仅仅体现在产品的创制过程中。这在一定程度上有助于消费者消化无限量的数字创意产品的个性化问题。个性化更多地体现在消费者的使用和理解上，而不是仅仅体现在各个产品的质料组成上。例如，目前装饰材料大都是工业生产的复制性产品，但由于消费者思维有着本质上的差异，就有可能出现无数风格和品牌迥异的装饰。即便是对店堂装修有着极为严格要求的麦当劳连锁店来说，装饰材料也会根据各家的建筑构形和地理构成的不同来进行选择，以使得最终产生的视图效果达到最佳。再如，不同的听众对同一首歌曲的感悟、感慨也会有所差异。

二、数字创意产品的目标消费者构成分析

不管是虚拟市场还是实体市场，都会面临成千上万的消费者，且消费者的需求是有所差异的。无论是大企业还是小企业，如果提供的数字创意产品不能满足消费者对其的各种要求，但又受到市场营销相关准则的制约而不得不为消费者提供最高满意度的服务时，消费者将会获得最好的服务。若企业要想能够分辨出它所提供服务的顾客群，最好的办法是对消费者的状况进行分析，其目的是最大限度地满足消费者的要求和确定目标市场。考虑从系统视角出发，分析消费者对数字创意产品本身的消费特征。

在经济水平提升的同时，公众的消费水平和教育水平也相应得到提升，在一定程度上数字创意产品的消费人群也在快速增大，消费者的消费观念也发生了较大的变化，更多的是追求时尚和标新立异、注重产品的文化内涵和品位。例如，动漫、游戏等，企业利用各

种吸引方式拥有一定规模的消费群体和爱好者,对数字创意产业在参与市场竞争发展中起着不可替代的作用。随着消费群体规模的增大,数字创意产品的市场需求量也在不断地扩大,在一定程度上激发出了创意雏形,并逐渐成为数字创意产业前进的动力源泉。当前,高校学生、青少年儿童等目标客户群体将成为数字创意产品的消费主力军。

(一)青少年儿童

数字创意产品之所以得到更好的发展,与青少年儿童有着紧密的联系。从数字创意产品消费群体来看,青少年儿童在消费数字创意产品中扮演着重要的角色,但他们的消费资金来源于父母的支持,而父母对数字创意产品的关注点又集中在学习和培养方面。数字创意产品在很多功能上有助于其学习效率的提高,主要含体育用品、音像制品等;青少年儿童和社会接触,一系列文艺作品、时尚和娱乐圈新颖事件在一定程度上也会对其产生重要的吸引力。在此种环境下,数字创意产品本身所拥有的创新性和时尚性对他们有着强烈的吸引,且他们表现出的特有心理特征主要为个性化、注重感情及追求新颖时尚等。鉴于此,以动漫产业为例,反映出青少年儿童是动漫产品消费群体的主力军。

(二)高校学生

高校学生也是数字创意产品的主要消费群体,高校学生接受过高等教育,且文化水平较高,在某种程度上,更加注重对美的追求,有对个性化和时尚化的消费需求,并且新创意出现后,高校学生群体也能够迅速地接受,且对数字创意产品产生较高的青睐程度。消费者的消费行为在很大程度上会因传媒广告的刺激而造成消费的不理性,因高校学生分布较广,消费方式和新的创意理念能够扩散到全国各地得益于高校学生之间的流动,这对数字创意产品的消费起着示范和引导作用。

(三)Yong 一代

Yong 一代主要指 1980 年以后出生,且在社会中提供生产力和消费力的角色中占据主导地位的人。随着我国经济和生产力的不断发展,Yong 一代也在不断受西方文化的熏陶,主要核心是以自我独立、价值多元化等为主,但这并不能说明 Yong 一代是跟从、盲目的消费者,他们追求有创意的生活方式和时尚的自由,并对数字创意产品有极大的喜爱,在动漫产品、网络游戏及电影音像产品等方面拥有较高的水平,逐渐成为数字创意产品市场的主要消费群体。Yong 一代养成消费习惯的一个主要原因是父母长期的资金支持,使这一代人的购买能力和潜在消费能力惊人。香港分析家对其进行了分析,在未来的 10 年里,我国将会掀起一股消费狂潮。

(四)中高收入水平的白领阶层

白领阶层平均年龄在 25~35 岁,具有较高的收入水平,消费特点主要为向发展型和享受型方面升级,思想开放、易于接受新鲜事物和追求时尚个性化的生活方式,并喜欢游戏软件、摇滚歌星唱片及卡通动漫产品等等。

第二节　数字创意产品的消费者需求类型分析

本节主要是分析消费者对数字创意产品的需求类型,为使研究能得到相应数据的支持,选取动漫产品作为数字创意产品类型的代表,主要以访谈调研和问卷调查的方式对消费目标群体进行收集,对所获得的数据利用 SPSS23.0(社会科学统计软件包)进行统计分析,并得到消费者对动漫产品的需求类型。

一、消费者需求开发的目标及对象

(一)研究目的

选取动漫产品作为研究对象研究消费者对数字创意产品的需求类型,其主要目的是分析影响消费者对动漫产品的需求的不同要素,将其进行归类,最终得到可靠的数据支撑,进而推广到数字创意产品的需求影响因素分析上。

(二)研究对象

以动漫产品为例,选取个体消费者作为统计分析的主要对象,最主要的目的是满足研究的需要和保证客观公正性,因此,需要对不同类型动漫产品的消费者进行不同的调查,主要分为两类:在校学生和在职人员。

二、消费者需求开发的数据统计分析

(一)研究方法

此处的研究方法主要采用访谈法和问卷测量法。

1. 访谈法

访谈在很大程度上是了解消费者对动漫产品需求的最直接的方法,通过访谈得出消费者对产品的需求情况,以便分析出消费者需求的类型。访谈有助于对想法进行初步验证,且对想法进行调整,并为下一步进行问卷设计收集信息作好铺垫。选取 60 位消费动漫产品的消费者,其访谈内容主要包含两部分:一是消费者的基本情况;二是消费者对动漫产品的需求因素。

2. 问卷测量法

通过阅读文献,以书面形式和严格的心理测量项目或问题,对研究对象收集资料和数据的一种方法称为问卷法。问卷研究是在访谈研究的基础上,分析消费者对动漫产品的价值类型,定量分析消费者与动漫产品需求相互之间的关系。

1)问卷设计与说明

问卷主要包含背景资料和影响动漫产品需求的因素两部分。

背景资料主要包括性别、年龄、文化程度、月收入及工作情况。

影响消费者对动漫产品需求的因素：此次问卷共 18 个问题，主要是影响消费者对动漫产品需求的 18 个因素。目的是了解影响消费者对动漫产品需求的因素，并采用 5 分度量法(1 为完全不影响，2 为不影响，3 为一般影响，4 为影响，5 为影响较大)[2]。调查共发放问卷 120 份，收回 112 份，有效问卷回收率达到 93%，并利用 SPSS23.0 统计分析软件进行处理。

2) 样本选择

以动漫产品潜在消费者为主是本次样本选择的主要对象，并采取随机抽样的方式进行。实地发放和填写是问卷进行采样的主要方式，消费对象填完问卷后，由专人负责收回。在校学生和在职人员是本次的调查对象，且不同群体拥有不同的心理特征和消费行为，最为重要的目的是保证消费者对动漫产品需求的调查具有广泛的覆盖性。

3. 典型案例分析

本次选取动漫产品作为数字创意产品的典型代表来进行分析，以期更好地分析消费者对动漫产品需求的类型。

(二)问卷分析

对问卷调查所获得的数据利用 SPSS23.0 进行统计分析。这里主要采用描述性分析和因子分析法。

1. 描述性分析

(1)分析了被调查人员的基本情况，并对回收的有效问卷的被调查者的基本情况进行统计，见表 5-1。

(2)对问卷的影响消费者对动漫产品需求的因素进行描述性统计，进而得出问卷中的各因素平均得分和标准差，见表 5-2。

表 5-1　被调查人员基本情况统计

被调查人员基本情况		样本数	比例/%
性别	男	62	55.36
	女	50	44.64
年龄	18 岁以下	32	28.57
	18~25 岁	55	49.11
	25~35 岁	25	22.32
	35 岁以上	0	0.00
教育程度	初中或初中以下	25	22.32
	高中和中专	24	21.43
	大专和本科	42	37.50
	硕士及以上	21	18.75
工作性质	在职人员	65	58.04
	在校学生	47	41.96

被调查人员基本情况		样本数	比例/%
月收入	2000 元以下	52	46.43
	2000~3000 元	15	13.39
	3001~4000 元	27	24.11
	4000 元以上	18	16.07

表 5-2　影响消费者对动漫产品需求的因素的描述性统计

影响因素	样本	平均得分	标准差
动漫产品的画面效果	112	3.1071	1.33799
动漫产品的内容	112	2.9464	1.51770
动漫产品的篇幅长短	112	3.4821	1.51855
动漫产品的配音效果	112	3.4554	1.43877
动漫产品的音乐效果	112	3.5000	1.41421
动漫产品的购买价格	112	3.0893	0.89597
动漫产品的原产地	112	3.4643	0.95793
动漫产品的品牌知名度	112	3.2143	0.71570
动漫产品作者的知名度	112	2.9821	0.69726
购买动漫产品的容易性	112	2.9554	0.72768
动漫产品的宣传力度	112	2.9196	0.77271
动漫产品的知识性、教育性	112	2.9821	1.20795
动漫产品的趣味性	112	3.125	1.19402
动漫产品蕴含的文化内涵	112	3.1607	1.27027
掌握动漫知识是一种乐趣	112	3.2054	1.26732
社会上流行消费动漫产品	112	3.5625	1.45677
身边的朋友都购买动漫产品	112	2.8661	1.38522
动漫产品的市场定位与自己相符	112	2.8929	1.37780

2. 因子分析法

因子分析法广泛用于社会学、经济学及管理学等领域,其主要目的如下:首先利用因子分析筛选出不符合实际条件的影响因子,进而判断出原有数据结构的合理性;其次对数据进行处理,并运用因子分析法对部分影响因子进行回归分析、判别分析及聚类分析等[3]。本章借助 SPSS23.0 软件将影响消费者对动漫产品需求的因素进行因子分析,将其归类为具有实际意义的综合因素,以期更好地分析消费者对动漫产品需求的类型。

因子分析的步骤分为 4 步:第一步,进行 KMO 检验(依据经验值进行判断:0.5 以下,不合适;0.5~0.6,很勉强;0.6~0.7,不太合适;0.7~0.8,适合;0.8~0.9,很合适;0.9以上,非常合适,KMO 值取 0.7 以上较为适合做因子分析)与巴特利特球体检验(显著性概率不高于 0.05);第二步,将数据输入 SPSS23.0 软件,对其进行因子分析,并确定公因子个数;第三步,为确定总方差解释,降低初始因子的综合性,旋转因子,重新得到新的组成因子；第四步，将新组成的因子进行 α 系数度量检验，若 $\alpha \geqslant 0.6$ ，说明新组成的因子具有较好的一致性效度。

3. 影响消费者对动漫产品需求的主要构成因素的实证分析

（1）本章对 18 个具体指标进行因子分析，进而将 18 个具体指标进行分类，并通过内部一致性系数对问卷的信度进行检验。

（2）将数据输入 SPSS23.0 软件，通过软件处理得到 KMO 和巴特利特球体检验测度结果，其结果见表 5-3。

表 5-3   KMO 和巴特利特球体检验

KMO 取样适切性量数		0.876
巴特利特球形度检验	近似卡方	2306.335
	自由度	153
	显著性	0.000

从表 5-3 中可以看出 KMO 值为 0.876，根据统计学家 Kaiser 给出的相应标准划分，当 KMO 值在 0.7～0.9 范围内，表明此数据适合进行因子分析。巴特利特球体检验用于检验相关阵是否为单位阵，即检验相关变量是否各自独立[4]。表 5-3 中显示巴特利特球体检验的显著性概率是 0.000，小于 1%，表明此数据相关阵不是单位阵，具有相关性，从而最终说明此次问卷调查所得到的数据能够进行因子分析[5]。

（3）运用主成分分析法得到 18 个特征值，其是因子分析的初始解，并利用 18 个特征值与相应的特征向量进行因子荷载矩阵计算，输出结果见表 5-4。

表 5-4   因子初始解

影响因素	初始	提取
动漫产品的画面效果	1.000	0.860
动漫产品的内容	1.000	0.721
动漫产品的篇幅长短	1.000	0.941
动漫产品的配音效果	1.000	0.936
动漫产品的音乐效果	1.000	0.922
动漫产品的购买价格	1.000	0.775
动漫产品的原产地	1.000	0.726
动漫产品的品牌知名度	1.000	0.667
动漫产品作者的知名度	1.000	0.857
购买动漫产品的容易性	1.000	0.902
动漫产品的宣传力度	1.000	0.764
动漫产品的知识性、教育性	1.000	0.749
动漫产品的趣味性	1.000	0.750
动漫产品蕴含的文化内涵	1.000	0.896

续表

影响因素	初始	提取
掌握动漫知识是一种乐趣	1.000	0.909
社会上流行消费动漫产品	1.000	0.801
身边的朋友都购买动漫产品	1.000	0.850
动漫产品的市场定位与自己相符	1.000	0.857

从表 5-4 中可以得出 18 个影响消费者对动漫产品需求的因素的提取值都大于 0.5，表明各因素对消费者对动漫产品的需求确实存在一定的影响，不需要剔除。

(4) 对因子进行进一步的提取，并得到旋转后的因子荷载，见表 5-5。表 5-5 中初始特征值表示为因子分析的初始解，是对原有因素的总体描述。提取平方和荷载是指从初始解中根据特征值大于 1 提取一个公因子后对原有因素总体的描述情况。表 5-5 中可以得到 4 个公因子，总体解释了数据中 82.685%的变异，即表达了 82.685%的信息量，且各因素的荷载绝对值系数较高，表明各因子中的原有变量有较显著的相关性。

表 5-5　总方差解释

成分	初始特征值			提取荷载平方和			旋转荷载平方和		
	总计	方差百分比/%	累积/%	总计	方差百分比/%	累积/%	总计	方差百分比/%	累积/%
1	9.356	51.975	51.975	9.356	51.975	51.975	4.422	24.565	24.565
2	3.031	16.840	68.815	3.031	16.840	68.815	4.258	23.655	48.220
3	1.408	7.824	76.639	1.408	7.824	76.639	3.335	18.527	66.746
4	1.088	6.045	82.685	1.088	6.045	82.685	2.869	15.938	82.685
5	0.667	3.707	86.391						
6	0.543	3.019	89.410						
7	0.414	2.302	91.712						
8	0.301	1.671	93.384						
9	0.248	1.377	94.761						
10	0.202	1.124	95.885						
11	0.177	0.984	96.869						
12	0.135	0.750	97.620						
13	0.102	0.566	98.186						
14	0.089	0.497	98.683						
15	0.080	0.442	99.125						
16	0.061	0.336	99.461						
17	0.052	0.288	99.749						
18	0.045	0.251	100.000						

(5) 由于表 5-5 无法清楚表明各个公因子所代表的实际意义，需利用最大方差旋转法对因子荷载矩阵进行旋转迭代，便于提高解释能力。旋转后成分矩阵见表 5-6。

表 5-6 旋转后成分矩阵

影响因素	子需求因素	成分				Cronbach α 系数
		1	2	3	4	
品质需求	动漫产品的画面效果	0.784	0.113	0.256	0.408	0.949
	动漫产品的内容	0.723	-0.152	0.030	0.418	
	动漫产品的篇幅长短	0.861	0.230	0.289	0.250	
	动漫产品的配音效果	0.884	0.220	0.288	0.152	
	动漫产品的音乐效果	0.890	0.189	0.267	0.151	
品牌需求	动漫产品的购买价格	0.122	0.797	0.346	0.069	0.908
	动漫产品的原产地	-0.087	0.718	0.416	-0.171	
	动漫产品的品牌知名度	-0.021	0.649	0.494	-0.040	
	动漫产品作者的知名度	0.123	0.867	-0.021	0.299	
	购买动漫产品的容易性	0.173	0.905	-0.007	0.230	
	动漫产品的宣传力度	0.286	0.807	0.083	0.155	
文化情感需求	动漫产品的知识性、教育性	0.367	0.141	0.758	0.138	0.927
	动漫产品的趣味性	0.200	0.115	0.695	0.463	
	动漫产品蕴含的文化内涵	0.349	0.243	0.761	0.370	
	掌握动漫知识是一种乐趣	0.376	0.254	0.795	0.266	
社会性需求	社会上流行消费动漫产品	0.418	0.303	0.311	0.661	0.906
	身边的朋友都购买动漫产品	0.317	0.124	0.229	0.826	
	动漫产品的市场定位与自己相符	0.326	0.161	0.261	0.810	

由表 5-6 可以得出，经旋转后，第一公因子解释了总体方差的 24.565%，并清晰反映了动漫产品的音乐效果、动漫产品的配音效果、动漫产品的篇幅长短、动漫产品的内容及动漫产品的画面效果；第二公因子解释了总体方差的 23.655%，并反映了动漫产品的品牌知名度、动漫产品作者的知名度、购买动漫产品的容易性、动漫产品的宣传力度、动漫产品的原产地及动漫产品的购买价格；第三公因子解释了总体方差的 18.527%，并反映了掌握动漫知识是一种乐趣、动漫产品蕴含的文化内涵、动漫产品的趣味性及动漫产品的知识性、教育性；第四公因子解释了总体方差的 15.938%，并反映了动漫产品的市场定位与自己相符、身边的朋友都购买动漫产品及社会上流行消费动漫产品。

表 5-6 中的 α 系数是测量问卷信度的一个指标，对问卷结果的信度进行测量，以期确保问卷调查数据的质量。从表 5-6 来看，α 系数均大于 0.9，说明测量内部的结构良好。

三、统计结论分析

以动漫产品为典型案例，利用 SPSS23.0 软件对影响消费者动漫产品需求的因素进行数据处理，最终将影响消费者对动漫产品需求的 18 个因素归结为 4 类：社会性需求、文化情感需求、品牌需求及品质需求。

(1)随着生产力水平的提高，动漫产品受消费者欢迎的需求感也在不断地上升，体现为社会性需求。一方面，消费者在消费动漫产品的同时，认识了具有共同喜好的消费者，从某种程度上使消费者的归属需求得到了较大的满足；另一方面，激发了消费者对社会交往的需求。

(2)消费者在消费产品的过程中，因产品所蕴含的文化和消费者自身对知识的需求，能够满足消费者精神上的诉求，将其称为文化情感需求。文化情感需求产生的固有源头体现为消费者寻找额外的心理刺激和掌握动漫知识所带来的乐趣。

(3)产品本身的品牌能够满足消费者对产品功能、情感及自我表现等方面的需求，即品牌需求。产品品牌的内涵和特有的价值间接能够最大程度地使消费者产生构想，且消费者在精神层面上也会受到极大的鼓舞，反映出消费者的附加心理价值。例如，《狮子王》这一动漫产品之所以能够取得成功，主要原因是产品角色所具有的英勇毅力在很大程度上符合消费者对于精神上的追求。

(4)产品本身质量和外在特征对于消费者也显得尤为重要，因为其可以为消费者带来视觉和感官上的满足感，即品质需求。

在第四章的基础上，根据消费需求内容划分，美国心理学家马斯洛将人的需求归结为5个层次：自我实现需求、尊重需求、归属和爱的需求、安全需求及心理需求[6]，5个层次的需求由高到低逐渐减弱。如果人的最低层次需求一旦得到满足，则重心会逐渐转移到高层次的需求上，并慢慢要求获得满足。依据以上马斯洛需求理论，此处高层次的需求类型可以看作是消费者对动漫产品的精神需求。伴随着生产力的提高、经济水平的提升及人们生活水平的提高，消费者对低层次的需求已经得到较大的满足，而对于高层次的需求主要表现为心理需求、情感需求等方面。伴随着西方国家经济的快速发展，人们对需求层次的要求越来越明显，并呈现整体上移的趋势，消费者对品牌的重视、设计等方面主要源于产品本身所具有的个性化和时尚化。

本章选取动漫产品作为数字创意产品典型代表类型，从数据处理结果可以看出消费者对动漫产品的需求类型。由此可以推出，消费者对数字创意产品的需求类型多表现为文化需求、心理需求、情感需求等高层次的需求类型。

因此，人们也渐渐将需求的重心转移到对高层次的需求上。企业要想在市场营销中抢占制高权，就必须了解消费者对高层次需求类型的追逐，在市场营销活动中创造出较大的空间。一方面，当消费者对满足此种需求的方式不确定时，越涉及高层次的需求，就越有助于企业抓住机会在服务和产品等方面进行研发，并创造出符合消费者对高层次的需求。结果表明，消费者对于高层次的需求，随着消费者消费心理的变化而改变，但对于企业来讲相应地也提出了更大的需求空间。另一方面，消费者需求的变化也会造成市场营销活动的变化，这就要求企业做好应对措施，以期面向新的市场需求。企业的市场营销活动与消费者需求的变化趋势呈正相关关系，这就要求企业加强对消费者高层次需求的把握。

本 章 小 结

本章结合消费者需求相关理论基础，对数字创意产品的消费者需求类型进行研究分析。首先，对数字创意产品的消费特点和目标消费者构成进行合理分析；其次，以动漫产品为例分析了消费者需求开发的目标及对象，且引入因子分析法分析影响消费者对动漫产品需求的主要构成因素；最后将消费者对动漫产品需求的类型归结为社会性需求、文化情感需求、品牌需求及品质需求 4 类。

参 考 文 献

[1]赵丽颖. 创意的个性化与产品的标准化——论创意产品的营销策略[J]. 现代传播, 2005(1): 134-136.

[2]刘刚. 隐性需求开发模式研究[D]. 天津: 天津财经大学, 2007

[3]田莉. 创意产品的需求开发和营销模式研究[D]. 天津: 天津财经大学, 2007.

[4]李建萍. 基于内部服务质量视角的城管执法人员工作满意度研究[D]. 杭州: 浙江大学, 2011.

[5]宗博强. 职场排斥与员工建言行为关系[D]. 湘潭: 湘潭大学, 2018.

[6]伍鹏. 浅谈校园景观建筑对心理健康教育作用[J]. 佳木斯教育学院学报, 2012(6): 273-275.

第六章 基于推-拉-锚定(PPM)理论的用户迁移影响因素分析

在移动互联网技术高速发展的背景下，数字创意产品也在不断地进行更新迭代，产品有了更宽泛的应用范围与服务领域，但同时各创意产品间也面临着激烈的市场竞争，社交媒体类服务产品作为数字创意产品的一种，与人们日常生活联系紧密，也正在逐渐改变人们的生活。中国互联网络信息中心发布的《第44次中国互联网发展状况统计报告》表明，截至2019年6月，我国网民规模达8.54亿，较2018年底增长2598万，互联网普及率达61.2%，较2018年底提升1.6%；我国手机网民规模达8.47亿，较2018年底增长2984万，网民使用手机上网的比例达99.1%，较2018年底提升0.5%[1]。

数字创意产业在经济全球化的背景下及在高新科学技术的基础上，以网络传播新媒体为平台，运用创意这一核心要素，逐渐打破了传统产业发展的静态平衡，向大众提供了文化、艺术、精神及娱乐等包含多种因素在内的产品。其中，微信与微博便是包括技术、网络、数据、创意及内容等核心生产要素的新媒体产品，也称社交媒体产品，是数字创意产业中与人们生活联系最为紧密的产品之一。新媒体是利用数字技术、网络技术、移动技术，通过互联网、无线通信网等渠道及计算机、手机等移动客户端，向用户提供信息和服务的传播形态和媒体形态。微信是腾讯公司研发的手机新媒体里的一种社交平台产品，可以免费发送文字信息、语言视频、图片等与好友进行沟通交流，用户也可以通过分享朋友圈的方式进行社交活动。微博即微型博客，用户可以通过计算机、手机等终端进行注册登录，发布文字、图片和视频内容。

在"互联网+"时代，互联网与创意的深度融合已经成为我国数字创意产业经济发展的一个新发展点和突破点。互联网下的创意产品作为互联网与创意融合的产物，与传统创意产品相比，在生产、运营和消费等环节全面实现了互联网化，其呈现给用户的价值并不仅仅来自产品本身，而是体现为产品整体生态系统带给用户的价值。与互联网相关的产品和服务主体包括互联网传播平台的开发者和互联网传播平台上的使用者，同时其具有典型的正的网络外部性，即产品对用户的价值会随着使用该产品的用户数量的增加而增加。用户群是影响互联网创意产品生产的重要因素。

与此同时，微信和微博作为数字创意产品中互联网平台与创意融合得到的新媒体产品，其与传统产业的商业产品不相同，新媒体产品侧重于用户。在新媒体创意产品的应用中，用户群的反馈是测试产品是否满足大众体验的重要环节。新媒体产品开发结果的好坏，应用功能是否得当，是否迎合了用户群需求，是否满足用户群体验，是否达到最初创意想法的开发结果，最终需要用户群的反馈决定，用户群的认可决定了媒体产品开发运营结果是否成功。新媒体创意产品可以通过用户群的反馈来检验是否成功。

微信和微博改变了传统的人与人之间面对面的社交互动方式，通过提供方便快捷的服务内容吸引了许多用户，社交产品用户数据日益庞大。微信和微博在通信发达的时代被广泛应用，两个产品功能相似但在主要应用方面存在较大的差异。微信在人们社会交往的沟通方面起着重要作用，而微博在传递社会新闻方面体现出更高更快的效率。同样是基于互联网媒体传播平台，但通过两个产品发布的消息在用户间的传播方式与传播效果并不相同。

当前，我国已经进入数字创意产品开发、新媒体产品发展的黄金时代，涌现出越来越多的数字创意产品，各种产品都各显神通，其中用户群最庞大、竞争优势最强的便是以微信和微博为代表的社交媒体产品。微信和微博通过采取与外界积极沟通与联系的方式，强化自身优势，谋求发展。这便是数字创意产品中最重要的核心要素：创新。随着市场需求的多样化发展，新媒体产品发挥了越来越重要的作用，用户群对其认可程度也会越来越高。随着互联网技术对该行业的不断融合及深入，新媒体产品必将获得越来越广泛、规范的发展空间，发展模式也会越来越成熟，进而带来的是社会效益与经济效益，而直接受益的主体仍然是新媒体产品的广大用户群。

随着智能手机的广泛与快速普及，新媒体产品如微信和微博等社交软件产品得到广泛推广与运用，微信和微博都是近年来发展迅速的社交媒体类数字创意产品，拥有庞大的用户数量。随着互联网经济和创意产业的发展，用户体验和感受成为用户在产品使用过程中最注重的因素，产品开发与营销也从以用户需求为中心转移到以用户体验为中心。

在所有互联网产品中，社交产品因其便利性与用户黏度、使用频率最高，市场占有率最大。微信和微博正是互联网时代下的产物，它们的使用率较高。关于微信和微博用户选择影响因素的对比研究较少，在互联网发展背景下，微信和微博作为集普及性、开放性、交互性等特点于一身的新媒体网络应用产品，在经济、社会等领域有着显著影响。微信和微博作为社交媒体类服务产品的支柱性代表产品，两个产品间具有很多相似性，从而导致两个产品间存在竞争。微信和微博之间的用户迁移较为鲜明，当前在信息产品用户迁移行为的研究中，推-拉-锚定(PPM)迁移理论模型应用较为广泛，采用推-拉-锚定迁移理论模型能够较好地找出用户迁移行为影响因素，为理清用户迁移行为提供基础资料。因此，本章在推-拉-锚定迁移理论的基础上，对微信用户向微博迁移的影响因素进行分析探讨。

第一节　微信用户向微博迁移研究假设

本书从用户跨平台迁移的路径和影响因素两个方面对微信用户向微博的跨平台迁移行为进行研究。选取微信和微博两个典型的社交媒体类服务产品作为研究对象，采用了假设与实证考察的研究方法。首先，假设存在微信用户向微博平台迁移行为的现象；其次，对迁移路径进行假设——微信用户向微博迁移；最后，通过问卷调查、PPM、层次分析法对微信用户向微博迁移的影响因素进行分析。

一、用户跨平台迁移行为的存在性分析

用户迁移是一种常见的现象，2009 年新浪微博正式上线，成为用户下载数量最多的在线社交产品。2012 年底，微信上线打破了微博独占市场的局面，同时涌入大量用户使用。由于微信和微博有着相同或者相似的功能，这使得用户有了产品选择权，两个产品的用户使用数此消彼长，用户数量和活跃度变化较为明显。

2019 年，中国互联网络信息中心发布的第 43 次《中国互联网发展状况统计报告》中有关社交应用的相关内容指出，截至 2018 年 12 月，微博用户规模达到 3.5 亿，网民使用率达到 42.3%；2017 年 12 月，微博用户规模为 3.1 亿，网民使用率为 40.9%，2018 年相比 2017 年，微博用户年增长率为 10.9%。同时，截至 2018 年 12 月，微信朋友圈的使用率为 83.4%，较 2017 年底下降了 3.9%，相反，微博使用率较 2017 年底上升 1.4%[2]。从互联网统计报告中的数据可以看出，微博活跃用户的增长速度比微信产品用户的平均增速快。越来越多的年轻人习惯在央视新闻官方微博上观看直播，并与官方博主进行微博互动。同时，社交网络产品与传统媒体相比，更注重用户的体验感，强化了用户互动、分享的功能，社交网络产品便捷性更强，更容易实现向大众传播的目的。近几年，网络用户逐渐向移动端、电子产品迁移，在微信、微博等社交产品的推动下，越来越多的正能量信息依托社交网络产品实现大众传播。例如，2018 年 11 月 17 日，人民日报发布微博"中国一点都不能少"话题，半天时间就获得转发 125.9 万次、评论 11.8 万条、点赞 94.3 万个、话题阅读量达 89.4 亿。社交媒体产品将传统媒体"内容"与社交"渠道"进行了深度融合，从而提升了自身的影响力。

随着社交媒体产品用户数量的日益增加，其应用模式也在不断成熟。用户在使用社交媒体产品时养成了不同的使用习惯，多重因素的共同作用促使社交媒体产品用户的使用行为发生改变，甚至在产品间产生迁移流动，导致微信、微博等主流社交媒体产品的活跃用户数量此消彼长。从上述搜集的现实数据所反映的结果来看，不同类型而功能相似的产品之间存在用户迁移行为，用户迁移行为是用户对产品的选择偏向，反映了用户的使用需求，同时用户迁移行为的方向也引导了产品创新发展的方向。研究用户迁移过程中的主要影响因素，通过深入了解用户选择某种产品的原因，可以为产品开发商提供建设性意见，为其下一步的创新提供方向。

二、用户跨平台迁移行为的迁移路径分析

根据互联网报告中心公布的微信、微博用户数据，得出微信、微博之间存在用户迁移现象，并且根据数据反映的结果，可以进一步认为用户迁移行为的迁移路径为微信活跃用户流向微博。同种社交媒体产品，其中一个产品的流行必将对另一个产品造成冲击，导致其他用户对原使用产品的忠诚度下降，注意力转移。用户在产品之间的迁移是产品竞争的必然结果。

2019 年 3 月，新浪微博数据中心发布《2018 微博用户发展报告》，该报告全面诠释了微博用户的发展状况，从宏观的角度对该领域的发展规模进行解读，2018 年第四季度财报

显示，微博月活跃用户持续增长，总量达到 4.62 亿，连续 3 年增长 7000 多万；微博垂直领域数量扩大至 60 个，月阅读量过百亿领域达 32 个。微博头部用户增至 70 万，同比增长 37%（头部用户：粉丝规模大于 2 万或月阅读量大于 10 万的用户）。截至 2018 年 11 月，微博大 V 增至 4.73 万，同比增长 60%（大 V 定义：粉丝规模大于 50 万或月阅读量大于 1000 万的用户）。2018 年微博移动端用户大幅增长，月活跃用户中移动端占比为 93%[3]。2018年，微博不断完善功能使用，优化内容品质和用户体验，更关注用户的使用感受，严格过滤平台内容，拓展传播形态，力求满足用户的多元化诉求，最大化地发挥平台的网络效应。

第二节　用户迁移影响因素分析

一、影响因素合理性分析

本章的主要目的是探究微信和微博两个网络在线社交产品间存在的用户迁移意愿的主要影响因素，并对移动互联网社交媒体产品的发展应用提供一些指导。

L.K.Hsieh 等在研究博客用户向社交网站迁移的过程中，从拉动因素、推动因素和锚定因素 3 个维度分析了内在影响因素[4]。Xu 等运用 PPM 迁移理论，以社交平台用户迁移行为为研究对象，将平台使用用户看作团体成员加以考察，考虑了社会学、社群影响、心理等因素给用户选择带来的影响，使研究成果更具有说服性[5]。曹雄飞利用 PPM 迁移理论分别研究了社交网站间用户的迁移意愿及博客用户向微博迁移的意愿，结果表明 PPM 理论框架中的推动因素、拉动因素和锚定因素用来研究用户迁移意愿的可操作性强[6]。营销学一直认为市场竞争中最为核心的要素便是使用者，用户的喜好程度与数量多少决定着产品的发展趋势与企业前景，运营商应当在了解用户需求的基础上提高活跃用户数量，只有拥有庞大的用户基数才能在激烈的竞争中取胜，因此对于用户迁移行为的研究具有极强的理论意义和现实价值。

本章以 PPM 理论作为研究微信和微博之间用户迁移的影响因素的主要理论依据，将影响微信用户向微博迁移意愿的影响因素分为 3 部分：推动因素主要为微信用户的不满意度；拉动因素主要为微博对用户的吸引力；锚定因素为微信用户向微博迁移的转移成本与情感承诺。

1. 推动因素及合理性分析

在研究用户迁移的过程中，学者通常将用户不满意度与推动因素相联系，用户对该产品的满意度越高，发生迁移行为的可能性就越低，反之，用户满意度越低，发生迁移行为的可能性越高。

在 PPM 模型框架中，不满意度作为产生迁移行为的推动关键因素已得到广泛验证[7,8]。FAN 等认为当产品不能满足用户需求、无法达到用户预期体验时，用户很有可能寻求替代产品以使自身消费需求得到满足[9]。Tao 等认为用户对产品越满意，对该产品忠诚度就越高，也就越不可能产生迁移意愿[10]。杨石山在研究社交网站用户迁移行为时，提出用户迁移行为的发生大多来自用户对产品或者服务的不满情绪，负面情绪极有可能促使用户产生迁移意愿[11]。

在对使用与满足理论、用户忠诚度相关文献进行研究的基础上，用户不满意度主要可以归纳为 3 个方面，分别为情感性不满意度、信息性不满意度、社会性不满意度。同时，通过搜集微信用户在各大应用商店的实际评论反馈，可以得出用户在使用微信时，确实存在情感表达不充分、信息获取不便捷、社会交往不宽泛等缺陷。因此本章将情感性不满意度、信息性不满意度、社会性不满意度 3 个因素作为微信用户不满意度进行研究。

2. 拉动因素及合理性分析

PPM 框架中的拉动因素即是用户在迁移过程中对新选择替代产品进行采纳和持续使用行为的影响因素，促使用户选择新平台的原因称为拉动因素。

同推动因素一样，拉动因素也同样与用户的满意度相关，用户在做出是否选择替代产品的决策时，主要受到使用新替代产品时的满意度影响，用户满意度直接影响着用户的选择意愿。若外界不存在用户可以选择的替代产品或服务，或者没有外界刺激，用户则会对现有产品保持很高的持续使用意愿。当外界出现可替代的产品或服务时，用户注意力被转移，从而产生迁移意愿。

微信和微博是有着庞大用户基数的互联网社交媒体服务应用产品，两者有其独有的特征，同时较强的开放性和灵活性是两者的主要特点，用户对微信和微博的使用不受时间、地点限制。Sussman 在研究用户迁移影响因素中指出，产品的有用性及易用性对于新用户有着极大的吸引力[12]。Zhu 和 Weyant 对用户对新产品的接受态度进行调查，验证了用户满意度中产品有用性和易用性对用户的吸引力[13]。王娟以微博用户的使用动机和行为为研究对象，认为可以从情感性满意度、信息性满意度、社会性满意度、自我记录和表达性满意度 4 个方面衡量微博用户的满意度[14]。武倩通过相关研究表明支持这一点[15]。在整理查阅相关研究文献的基础上，结合微博用户实际使用体验感受，得出微博存在易用性、有用性及情感表达等方面的优势，因此，本章将相对有用性、相对易用性、网络上情感表达作为微博拉动因素。

3. 锚定因素及合理性分析

锚定因素即阻碍用户发生迁移行为的影响因素，在 PPM 框架中，转移成本是常用的锚定因素。从经济学角度对转移成本进行定义，可以理解为用户从原先购买使用产品转移到另一种类似替代产品所花费的一次性成本。此外，转移成本不仅与经济效益相关，还存在用户在不同产品间进行转移所产生的潜在风险成本。转移成本对用户的迁移意愿会产生重要影响。Zhang 等以博客间用户迁移行为为研究对象，其假设转移成本为主要锚定因素，研究结果表明转移成本确实负面影响博客间用户的迁移意愿[16]。

微信用户在向微博迁移的过程中同样会产生转移成本。例如，用户之前熟悉学习使用微信所需花费的时间和精力，以及从微信上积累的人际关系等。

转移成本常常作为影响用户迁移的锚定因素被广泛引用，但本章考虑到微信和微博用户是处在社会关系中的、有着丰富情感的个人，在选择过程中容易受到情感因素的影响，因此本章假设了另一锚定因素: 情感承诺。用户在使用微信的过程中，与朋友进行聊天维系关系、发朋友圈分享心情与朋友互动等行为可以使用户心情愉悦,为用户带来幸福感,满足用户情感需要。为了满足这种需要,用户的迁移意愿可能会被弱化。用户的情感承诺行为原因主要可以分为两类:一类是情感性因素;另一类是经济类因素。但是微信和微博作为免费的社交媒体类产品,两者的免费性使用户迁移过程中的经济性动机并不强烈,由此本章主要考虑用户出于情感性动机所表现出的情感承诺对微信用户向微博迁移行为的影响。

综上所述,微信用户向微博迁移意愿中的推动因素、拉动因素及锚定因素如图 6-1 所示。

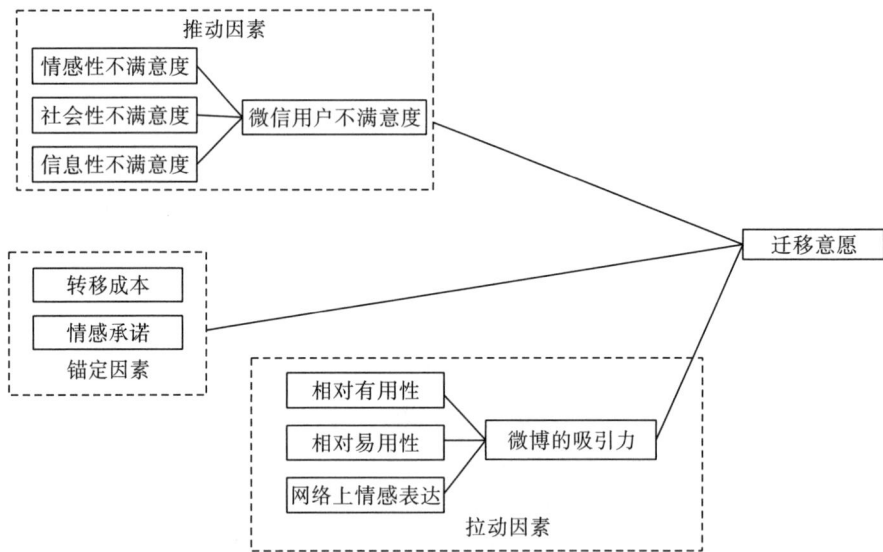

图 6-1　微信用户向微博迁移意愿的影响因素

二、推动因素相关分析

用户满意度在用户迁移过程中发挥着重要影响作用,用户持续使用意愿与用户满意度呈正相关关系,即用户满意度越高,用户迁移意愿越弱;反之,用户满意度越低,用户迁移意愿越强。

微信作为当前最流行的社交软件之一,其主要功能可以分为四大类:通信功能(信息转发、文字聊天、在线语音视频聊天)、社交功能(创建群聊、朋友圈、互加好友)、娱乐功能(扫一扫及摇一摇、公众号、游戏小程序)、生活功能(微信支付、实时定位及位置共享、微信红包)。从其功能分类可知微信的主要功能是社交通信,且在获取信息覆盖面上仅仅涉及微信列表好友,即微信的社交功能只存在好友之间,获取信息渠道窄。微信构建的社交关系网络核心在于熟人关系。首先,微信获取热点信息、实时新闻的能力相比微博而言较弱,热点信息、实时新闻大多通过公众号、订阅号等方式进行推送,增加了用户搜索信息的成本。这些不足都将影响用户的使用体验,从而使用户产生不满意甚至抱怨的负面情绪,用户不满意度会显著正向影响用户的迁移意愿。

微信作为最实用的在线网络社交产品之一,其具有情感性、社会性、信息性三大主要功能。情感性指人们可以将自己的心情、想法发布在朋友圈与好友分享,从而达到放松心情或发泄情感的目的；信息性指人们可以通过微信公众号、订阅号获取自己感兴趣的内容或者有意思、有价值的知识和信息，同时可以在公众号发布的文章下留言表达自己的想法，与一同阅读此篇文章的网友交流想法；社会性指人们可以通过微信与亲朋好友保持联系，同时也可以作为认识新朋友的工具和与同事、老板进行工作沟通的纽带。

但在认真分析微信用户实际使用的过程中，可以发现微信在使用过程中存在一些缺点，在情感满足、信息获取、社会交往等方面确实存在一定程度的不足，具体表现如下。

第一，微信在情感满足方面存在一定程度的不足。大多数微信用户在使用微信的过程中，由于安全性问题不敢将自己的真实情感和过多真实的信息发布在朋友圈，这在一定程度上没有达到放松心情的情感宣泄目的。

第二，用户在使用微信的过程中，信息获取方面存在一定程度的不足。用户使用微信的目的不仅仅是保持好友社交、工作联系，他们同时也希望微信可以在休闲的时间里给自己推荐有意义、有价值的新闻或信息，达到获取知识或信息的目的。但在微信的实际使用过程中，信息虽然可以通过各种公众号了解，但有价值、有意义的微信公众号并不容易被大众知晓，同时，公众号每日发布文章的篇数被限制，且大多以长文形式发布，导致用户阅读兴趣减弱。这些都使得用户在使用微信的过程中不能容易、方便、快捷地获取有用咨讯，从而对微信上的信息越来越不满意。同时，朋友圈内微商众多，充斥着各种营销广告，广告霸屏现象严重，由此产生了大量的无用信息、垃圾信息。微信作为公开性、免费性软件产品，其信息传播能力无可置疑，但如果其不能够为使用者提供有用、有益且能便捷获取的知识或信息，那么微信对用户的吸引力减弱是显而易见的。

第三，微信在社会交往方面也存在着一定程度的不足。用户可以通过使用微信维持与老朋友的联系，也可以将其作为认识新朋友的纽带及与同事进行工作沟通的工具。但是这同时也限制了微信的网络社交功能，人们大多数时候并不愿意添加没有过多交集或联系的朋友进入微信列表，并将这种好友称为僵尸好友。僵尸好友的存在对用户在使用微信过程中的自我记录与表达方面造成了一定的阻碍。

综上所述，从情感性、信息性、社会性 3 个方面研究微信用户在实际使用体验过程中影响微信用户不满意度的因素可知，用户在微信的情感性、信息性、社会性 3 个方面的不满意度影响微信用户产生迁移意愿。微信用户不满意因素如图 6-2 所示。

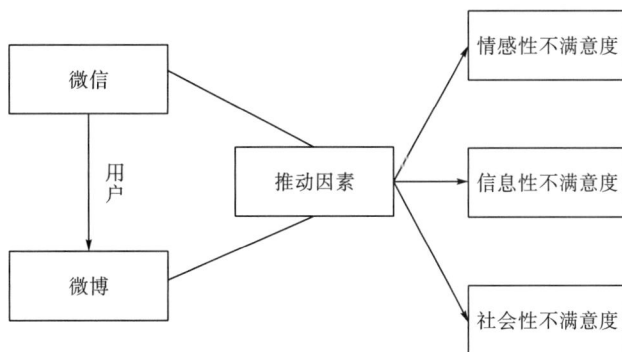

图 6-2 微信用户向微博迁移的推动因素

三、拉动因素相关分析

(一)微博的吸引力与迁移意愿之间的关系

微博是微型博客的简称,通过分享简短实时信息,实现信息的广播式传播,微博降低了对使用者的门槛要求,因此更加受到用户的欢迎,近几年微博爆炸式发展,逐步发展成为目前网上最流行的社交方式之一。同样,对微博的 4 种传播行为如下进行分类。

(1)浏览。用户只要注册微博账号,登录微博便可以浏览微博平台上其他用户发布的信息内容。浏览是开放式的,在没有经过他人允许的情况下,用户也可以浏览对方的微博内容。同时,微博获取信息相对便捷,用户可以通过搜索自己感兴趣的关键字浏览相关内容。

(2)发布。用户可以在微博平台上发布原创文字、图片、GIF 动图、视频内容及微博故事等。除此之外,用户可以选择该条微博内容的公开程度,有好友可见、仅自己可见及粉丝可见几种形式。

(3)转发。当用户对他人发布的微博内容产生共鸣或觉得有意思时,可以通过转发微博的方式表达这种情感,从而形成微博内容的扩散。此外,转发微博的方式将保留原始微博的所有信息而不会因转发而被改变,从而达到信息传播的目的。

(4)评论。在博主没有设置评论权限的前提下,用户可以对他人发布的微博进行评论,对该微博内容表达自己的想法。除对博主微博进行评论外,用户还可以与微博下的其他用户进行评论互动。

由此可知微博是目前传播信息、分享舆情、情感表达的重要社交网络产品。基于上述讨论,可以得出如下结论:微博的吸引力显著影响用户从微信向微博的迁移意愿。

(二)微博的相对有用性和相对易用性与迁移意愿之间的关系

首先,信息在微博平台上的传播路径简单,缩短了信息的传播时间,使得微博上的信息传播迅速化。信息的实时传播,进一步成就了用户在微博平台上的高度互动性。用户在微博上通过关注、被关注甚至不需要进行关注便可实现信息内容的对外传播,高度互动性使用户在信息传播活动中的地位得以极大提升。用户通过微博真正实现了在任何时间、任何地点发表感想,充分地调动了网民参与社会互动的热情。微博的信息传播方式可以分为两种:一种是微博平台信息推送;另一种是用户进行信息传播。微博平台信息推送指的是微博平台对海量信息进行筛选,根据用户的日常喜好进行推送。用户进行信息传播指的是微博用户通过对微博内容进行评论、转发、私信等方式,达到信息传播的目的。这两种方式互不影响,共同存在,互相推进信息的传播。

其次,基于微博的庞大用户数量,企业开始纷纷将营销策略转向微博,在微博上投放广告,开展技术研发活动和市场运作活动,增强产品的吸引力与影响力,已经成为企业广告营销的一种新趋势和新选择。企业可以利用微博信息的实时性与高互动性,对正在测试中的产品进行用户体验收集,整理收集结果,从而发现研发产品的不足,这是大多数企业正在使用的一种技术研发方式。同时,微博还是一个很好的产品推广平台。通过用户在微博平台上反馈的真实声音,企业能够迅速且准确地了解到消费者的心理、对产品的感受,为产品推入市场提前做好准备。

最后，微博平台带来的用户体验感与传统媒体产品提供的体验感截然不同，报纸提供的是"被阅读"的媒体环境，电视则是"被看和听"的媒体环境。微博提供的是一个囊括了文字、声音、图像、计算机模式、移动客户端在内的多媒体环境，营造的是一种全新的媒体环境。

基于上述讨论，可以得出如下结论：相对有用性、相对易用性显著影响用户从微信向微博的迁移意愿。

(三)微博上的情感表达与迁移意愿之间的关系

近年来微博在用户数量和使用率方面都得到了急速增长。越来越多的人愿意通过微博发布消息、观点，微博成为人们实时互动社交的重要场所。例如，当用户发布了一条微博，获得了大量的转发或评论，这会给该用户带来极大的心理满足感，从而促使该用户更频繁地使用微博，发布更多的微博与他人进行互动。这种情感表达的满足感会使用户花费更多的时间在微博上。首先，用户通过发布微博对自我情绪进行表达，发布微博与他人互动也是与他人分享的一种方式。其次，用户在微博的使用过程中感受到了愉悦的精神体验，这将很大程度上提高用户的使用满足感。最后，共鸣的心理感受也正向影响着用户的微博使用行为。当其他用户对某一用户发布的微博产生共鸣时，这种共鸣感会促使该用户发布更多的微博以获取此类感受。

用户通过发表微博表达对事物、某些社会现实和现象的看法、态度，微博作为短文本分享平台已然成为人们社交的重要平台，微博具有实时性、快速传播性等特点，用户不仅可以通过微博实时了解各类热点新闻，还可以通过评论、转发的方式表达自己对该热点新闻的观点、态度和看法。人们在微博平台对各种热点新闻事件进行讨论，热搜话题动辄上亿的阅读量，这是以往传统媒体所不能企及的，因此，微博也在以其特有的方式深刻影响着互联网用户对于事件的认知、态度、行为，甚至影响舆论导向[17]。尤其是讨论量越多的微博事件，它所带来的影响越大。除了基于事实事件内容的影响，还包括用户在微博平台上发布的海量评论和意见所带来的影响。微博用户带有情感倾向性的评论对于重大事件的发展具有推动、改变和遏制的作用。基于上述讨论，可以得出如下结论：网络上情感表达显著影响用户从微信向微博的迁移意愿。

微博作为用户获取、分享、传播信息的开放式平台，吸引了大批用户使用，并拥有惊人的信息传播速度及空前的影响规模，微博中的每个用户均有传播信息的能力。例如，在微博平台，每位注册用户都拥有自己的粉丝，就粉丝而言，粉丝可以获取其关注用户的所有信息，并可以将这些信息转发给自己的粉丝，在微博中用户评论、转发、提及他人微博是公众可见的，即所有用户都能看见某用户评论、提及及转发的内容，从而影响到更多的人。

综上所述，微博具有用户数量多、信息传播速度快、互动性强等特点。微博的相对有用性、相对易用性、网络上情感表达能够正向影响微博用户的使用行为。影响微信用户向微博迁移的拉动因素如图6-3所示。

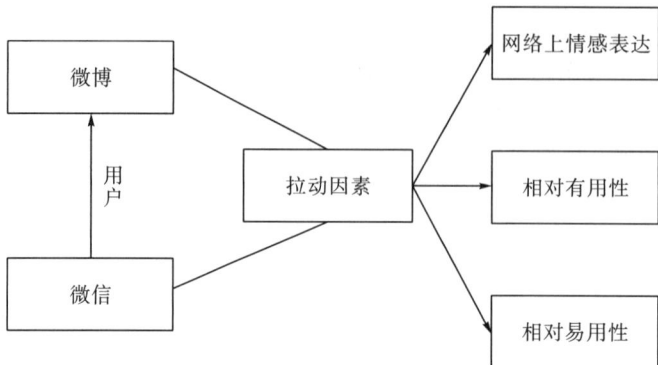

图 6-3　微信用户向微博迁移的拉动因素

四、锚定因素相关分析

(一)转移成本与迁移意愿之间的关系

在研究用户迁移行为时,大多数学者将转移成本作为阻碍迁移行为的锚定因素。Jones 等在研究转移成本对用户迁移意愿的影响时发现:当转移成本超出用户接受范围时,用户极大可能选择不迁移,而当转移成本在用户预期范围时,用户选择迁移的可能性更大,表明转移成本对用户迁移意愿产生负向作用[18]。由此可见,转移成本是影响用户决策的一个重要因素。

在用户从微信向微博迁移的过程中,自然而然也存在转移成本的产生,其转移成本主要包括两个方面:①用户将花费时间和精力学习微博的使用,用户若从微信迁移至微博,必然需要花费一定的时间和精力学习及习惯微博的使用过程;②从微信向微博迁移将会造成人际关系的损失。基于上述讨论,可以得出如下结论:转移成本对用户从微信向微博的迁移意愿产生负向影响。

(二)情感承诺与迁移意愿之间的关系

Meyer 曾指出承诺对个体的影响作用具有两面性:一方面承诺使得人们维持稳定的关系或行为,这时的情感承诺在一定程度上限制了个体自由,作为一种约束力量存在;另一方面承诺具有规范作用,促使个体通过某种方式规范自身的行动方式[19]。通过查阅情感承诺相关研究资料,可以总结出主要有两种因素导致用户产生情感承诺行为,分别为情感性因素与经济类因素。微信和微博作为在线网络社交产品,经济类影响因素并不明显。因此本章主要考虑情感性因素所影响的情感承诺行为对微信用户向微博迁移行为的影响。在本章中,将情感承诺定义为用户在使用微信过程中所形成的对微信的情感寄托。

用户在微信使用过程中,可以通过与微信好友聊天维系关系,并且可以在朋友圈发布动态,与微信好友时常互动,这些网络社交活动都可以给微信用户带来愉悦心情和幸福感,满足情感需要。例如,当用户在朋友圈分享自己最近的生活、照片、人生感悟、旅途风景或者一些有意思的文字、图片、视频时,都希望获取朋友的赞同、评论并愉悦地与他们进行交流互动,以获得心情愉悦感和精神满足感。正因为这种需要的存在,用户的迁移意愿可能会被弱化。基于上述讨论，可以提出情感承诺负向影响用户从微信向微博的迁移意愿。综上所述，影响微信用户向微博迁移的锚定因素有转移成本和情感承诺，如图6-4所示。

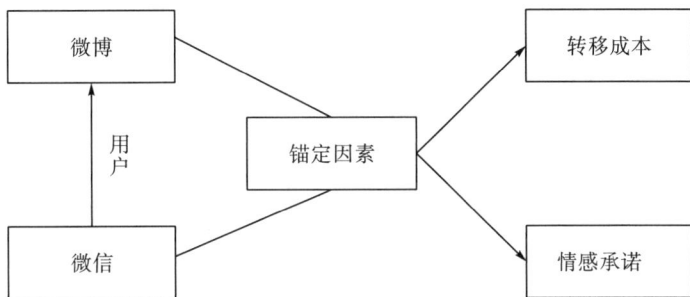

图6-4　阻碍微信用户向微博迁移的锚定因素

第三节　基于 AHP-PPM 的用户迁移影响因素研究

一、PPM 模型影响因素及指标构建

(一)影响因素的选取原则

用户从微信向微博迁移的影响因素多样化，为了分析用户从微信向微博迁移过程中的多种影响因素，在构建影响因素指标体系时，结合微信和微博的开放性、互动性等使用特性及指标体系的科学性、合理性、严谨性等对微信用户向微博迁移的影响因素指标体系进行构建。

(1)层次性原则：将所有选取的影响因素进行整合后必须表现出系统的层次性，部分影响因素之间相互独立却又联系成一个整体，涵盖各个角度。

(2)针对性原则：纵观微信和微博近几年的发展历程，选取的因素必须是能够实时反映用户需求的、影响微信用户向微博迁移的因素。

(3)可比性原则：影响因素指标的选取必须相互独立又相互关联并具备一定的可比性，与此同时，可以通过分析判断对指标进行一定程度的量化，以及权重计算、数值标定，从而提高评价体系的客观性与逻辑性。

(二)指标体系的构建原则

在构建用户从微信向微博迁移的影响因素指标体系的过程中，必须严格遵守构建影响因素指标体系的相关准则。科学合理、可操作性强的影响因素指标体系需符合以下3点要求：第一，指标体系需考虑影响因素的全面性，尽可能地涉及所有维度的影响因素；第二，可以通过相应的计算方法计算指标体系中每一个指标的权重并使结果明确；第三，指标体系选取应科学合理，指标之间应相互独立同时又具有系统性。因此，无论是选取影响因素指标，还是进行量化，都是构建用户迁移影响因素指标体系模型的核心工作，两者决定了最终评价结果的准确性，因此，在影响因素指标体系的构建过程中应考虑多方面的因素，同时严格遵守以下准则。

(1) 全面性。所构建的指标体系维度应涵盖所有可能对评价结果有影响的因素，要考虑到会对微信用户产生迁移意愿的所有影响因素。基于 PPM 理论，在微信用户向微博迁移的过程中，对推动因素、拉动因素、锚定因素都要充分考虑。

(2) 科学性。指标体系的构建应具备一定的科学性，指标体系中设置的指标应逻辑清晰，同时避免指标设置重复。因此，在指标体系的构建过程中要注意：①所选取的指标代表性强，确保不同指标的独立性；②指标之间虽相互独立却又互相联系，从而体现各个层次和各个指标之间的系统性。

(3) 可行性。构建微信用户向微博迁移的影响因素指标体系的目的是掌握用户迁移的影响因素，从而更好地了解用户迁移行为。因此，在指标设置过程中应体现指标的可操作性与实用性，避免出现指标设置过于复杂或者对应数据无法收集的情况。

(4) 针对性原则。针对性原则指的是要在实际情境下分析问题。微信用户向微博迁移影响因素的指标设置，应充分考虑产品用户的特点及心理，选择可以反映用户特点的指标，这样才能更准确地得出评价结果，使结果更有说服力。

(5) 定性分析与定量分析相结合。任何指标体系的评价结果都无法仅仅依靠完全定量化的方式得出，人的主观评价也是一项非常重要的内容。因此，在指标体系中应设置相应的定性指标，从而对用户迁移行为的影响因素进行更好的分析研究。

(三) 影响因素指标的选取

本书将推动因素分为情感性不满意度、信息性不满意度、社会性不满意度 3 个次准则层；拉动因素分为相对有用性、相对易用性、网络上情感表达 3 个次准则层；锚定因素分为转移成本和情感承诺 2 个次准则层；指标层则由可以体现不同利益相关者实际情况的指标组成。

根据前文对 PPM 理论的阐述，以推动因素、拉动因素、锚定因素 3 个可以对用户迁移行为进行反映的重要指标为核心建立一个具有三级指标的指标体系。推动因素、拉动因素、锚定因素位于第一层，但选取的这 3 个因素仅是明确了用户迁移的 3 个方面，依然要加以量化，所以还必须选择其他的二级指标。这些二级指标要满足科学性准则，并有一定的独立性，主要包括以下方面。

1. 推动因素

从推动因素出发，将其分为情感性不满意度、信息性不满意度、社会性不满意度 3 个次准则层，情感性不满意度分为 $A11$、$A12$、$A13$、$A14$ 4 个三级指标；信息性不满意度分为 $A21$、$A22$、$A23$ 3 个三级指标；社会性不满意度分为 $A31$、$A32$、$A33$ 3 个三级指标。

2. 拉动因素

对于拉动因素，将其分为相对有用性、相对易用性、网络上情感表达 3 个次准则层，相对有用性分为 $B11$、$B12$、$B13$ 3 个三级指标；相对易用性分为 $B21$、$B22$、$B23$ 3

个三级指标；网络上情感表达分为 $B31$、$B32$、$B33$ 3 个三级指标。

3. 锚定因素

而对于锚定因素的指标选取，分为转移成本和情感承诺 2 个次准则层，转移成本分为 $C11$、$C12$、$C13$ 3 个三级指标；情感承诺分为 $C21$、$C22$、$C23$ 3 个三级指标。

综上所述，指标体系归纳总结见表 6-1。

表 6-1　微信用户向微博迁移影响因素指标体系

一级指标	二级指标	三级指标	
推动因素 A	情感性不满意度 $A1$	真实感想表达意愿	$A11$
		利用微博度过闲暇时间	$A12$
		压力与烦恼在微信上不能真实倾诉	$A13$
		微信可用娱乐消遣少	$A14$
	信息性不满意度 $A2$	微信信息来源太少	$A21$
		微信受众面太小	$A22$
		微信中有价值公众号难以体现	$A23$
	社会性不满意度 $A3$	微信社交面过窄	$A31$
		微信好友过于繁杂	$A32$
		微信信息引起关注过少	$A33$
拉动因素 B	相对有用性 $B1$	微博实时了解到新信息	$B11$
		微博评论功能产生正向影响	$B12$
		微博转发信息便捷	$B13$
	相对易用性 $B2$	微博使用便捷性	$B21$
		微博信息分享易被理解	$B22$
		微博分享信息的方式简单	$B23$
	网络上情感表达 $B3$	微博具有吸引性	$B31$
		微信使用的愉悦性	$B32$
		微信使用的明智性	$B33$
锚定因素 C	转移成本 $C1$	微信社交网络建立的时间成本	$C11$
		微信上使用时间的维持成本	$C12$
		停用微信造成的影响	$C13$
	情感承诺 $C2$	对微信的情感联系	$C21$
		使用微信的习惯性	$C22$
		微信好友的情感关联性	$C23$

二、用户迁移研究方法的选择与确定

(一)研究方法的选择

分析微信用户向微博迁移的过程,在指标体系构建完成后,科学有效地对指标权重进行计算也是十分重要的。查阅相关指标权重计算资料,关于计算方法总体上可以归纳为两类:①客观赋权法,如熵值法;②主观赋权法,如德尔菲法。

德尔菲法也可以称为专家调查法,专家通过匿名的方式对收到的问题进行答复,采取匿名的方式可以使专家的回答不受任何约束,从而更符合实际情况,但是该方法过程复杂、耗时较长[20]。与德尔菲法相比,熵值法是一种客观赋权法,它可以有效地降低主观因素的影响,得到更符合实际情况的结果。在运用熵值法的过程中,首先需根据所设置的指标体系按照相关指标对应的数据进行收集整理,然后整理收集到的数据,通过科学合理的数学方法进行权重计算,得出每个指标的熵值权重。指标的熵值权重越大则表示该指标在指标体系中具有越大的作用。熵值法作为一种客观赋权法,与主观赋权法相比,不依赖于专家经验,主观性较弱,更符合事实情况,准确性相对较高,但该方法的计算过程需要收集大量数据进行分析,因此,一些较难收集课题数据的研究并不适用熵值法[21]。

关于对多因素、多标准、多方案的综合评价多采用层次分析(AHP)法。AHP 多用来解决由"方案层+因素层+目标层"构成的递阶层次结构决策问题。AHP 通过系统模型的构建,层层分析判断,在一定程度上弥补了人在主观判断过程中的不足,从而对基于多个影响因素的系统问题进行解决。处理定性和定量相结合的问题是 AHP 最大的优势,在模型中导入操作者的主观判断与经验,然后进行量化处理。AHP 从本质上讲是一种科学的思维方式[22],其主要的特点如下。

(1)通过层层分解将多层次的整体问题变成多个单层次的评价问题,从而进行综合评价。

(2)对可比性问题进行处理时,通常将"重要性"(数学表现为权值)作为统一的处理格式,以 1~9 级对重要程度进行排序。

(3)检验与调整比较链上的传递性,即检验一致性的可接受程度。

(4)采取相关线性代数理论或方法对全部比较信息进行处理挖掘,以期得出实质性的、更深层次的信息作为决策支持。

大多数领域的系统分析是由许多相互关联、相互制约的众多因素构成的。AHP 为这类问题的决策和排序提供了一种简洁而实用的建模方法。AHP 建模可按如下步骤进行:①建立递阶层次结构模型;②构造出各层次中的所有判断矩阵;③层次单排序及一致性检验;④层次总排序及一致性检验。

(二)研究方法确定

通过对微信用户向微博迁移影响因素的分析探讨,可以发现微信用户向微博迁移的影响因素存在如下特点。

(1)影响因素系统性交叉,因素较分散。用户从微信向微博迁移的影响因素众多且很可能存在内容重复，必须通过筛选整合才能进行下一步的研究。

(2)影响因素主观性较强。在微信用户向微博迁移的过程中，主观性表达较多，用户的主观因素占主导地位，客观上进行评价具有一定难度。

(3)影响因素可对比性差。影响因素间的复杂性导致难以进行系统的对比，同时较强的主观性导致很难权衡各影响因素的重要程度。

因此，从上述影响因素的特点出发，比较分析不同方法的适用性及特点后，最终选择AHP，主要原因有3点：第一，研究对象较难进行大量样本数据的搜寻，因此客观赋权法并不完全适用；第二，构建的评价指标体系的定性指标较多且主观性较强；第三，AHP的可操作性强，且能够较为理想地解决以上问题。所以本书最终选择 AHP 对微信用户向微博迁移的影响因素指标体系进行评价。

AHP 通过对不同的层级进行指标权重计算，最终求出相应的占比情况，可以更好地了解用户迁移影响因素的具体情况，并分析各个影响因素具有的影响程度，从而提出建议。

三、微信用户向微博迁移影响因素权重确定

(一)一级指标权重

本书利用 PPM 理论将影响微信用户向微博迁移意愿的影响因素分为 3 部分，分别为推动因素、拉动因素、锚定因素。根据前文中有关这 3 个因素的相关理论研究，且考虑到微信用户向微博迁移的过程中主观性较强，因此本书将推动因素、拉动因素、锚定因素的重要性视为相等，即三者权重均为1/3。

(二)二级指标权重

1. 推动因素下指标的权重

1)构建判断矩阵

推动因素作为一级指标，其下面有情感性不满意度($A1$)、信息性不满意度($A2$)、社会性不满意度($A3$)3 个二级指标。二级指标的判断矩阵见表 6-2。

表 6-2 推动因素下二级指标的判断矩阵表

A	$A1$	$A2$	$A3$
$A1$	1.00	3.00	5.00
$A2$	0.33	1.00	4.00
$A3$	0.20	0.25	1.00

根据判断矩阵表构建判断矩阵：$A = \begin{bmatrix} 1 & 3 & 5 \\ 0.33 & 1 & 4 \\ 0.2 & 0.25 & 1 \end{bmatrix}$

2) 利用求和法计算判断矩阵的最大特征值

(1) 将判断矩阵 A 的每一列向量归一化：

$$b_{ij} = \frac{a_{ij}}{\sum\limits_{i=1}^{n} a_{ij}}$$

由上式可得

$$A = \begin{bmatrix} 1 & 3 & 5 \\ 0.33 & 1 & 4 \\ 0.2 & 0.25 & 1 \end{bmatrix} \xrightarrow{\text{列向量归一化}} \begin{bmatrix} 0.65 & 0.71 & 0.5 \\ 0.22 & 0.23 & 0.4 \\ 0.13 & 0.06 & 0.1 \end{bmatrix}$$

(2) 将归一化的各行相加：

$$c_i = \sum\limits_{j=1}^{n} b_{ij}$$

由上式可得

$$c_i = \begin{bmatrix} 1.86 \\ 0.85 \\ 0.29 \end{bmatrix}$$

(3) 将 c_i 归一化，即得到权重：

$$W_A^{(2)} = (\omega_1^{(2)}, \cdots, \omega_i^{(2)})^{\mathrm{T}}$$

其中

$$\omega_i^{(2)} = \frac{c_i}{\sum c_i}$$

由上式可得

$$W_A^{(2)} = \begin{bmatrix} 1.86 \\ 0.85 \\ 0.29 \end{bmatrix} \xrightarrow{\text{归一化}} \begin{bmatrix} 0.62 \\ 0.28 \\ 0.10 \end{bmatrix}$$

通过以上分析得到推动因素下二级指标的权重向量为

$$W_A^{(2)} = \begin{bmatrix} 0.62 & 0.28 & 0.10 \end{bmatrix}$$

(4) 求权重向量 $W_A^{(2)}$ 对应的最大特征值：

$$\lambda_{\max} = \frac{1}{n} \sum\limits_i \left(\frac{\left(A W_A^{(2)} \right)_i}{\omega_i^{(2)}} \right)$$

由上式可得

$$\lambda_{\max} = 3.09$$

3) 一致性检验

(1) 计算一致性指标 CI：

$$\mathrm{CI} = \frac{\lambda_{\max} - n}{n - 1}$$

由上式可得

$$CI = 0.04$$

(2)计算一致性比例CR：

$$CR = \frac{CI}{RI}$$

因为 $n=3$ ，查表可知，$RI = 0.58$ ，由上式可得

$$CR = 0.07$$

显然CR $= 0.07 < 0.1$ ，推动因素下二级判断矩阵的一致性是可以接受的。

4)指标权重表

推动因素下二级指标的权重见表 6-3。

表 6-3 推动因素下二级指标的权重表

一级指标	二级指标	权重
	情感性不满意度 $A1$	0.62
推动因素 A	信息性不满意度 $A2$	0.28
	社会性不满意度 $A3$	0.10

2. 拉动因素下指标的权重

1)构建判断矩阵

拉动因素作为一级指标，有相对有用性（$B1$）、相对易用性（$B2$）、网络上情感表达（$B3$）3 个二级指标。二级指标的判断矩阵见表 6-4。

表 6-4 拉动因素下二级指标的判断矩阵表

B	$B1$	$B2$	$B3$
$B1$	1.00	6.00	0.25
$B2$	0.17	1.00	0.11
$B3$	4.00	9.00	1.00

根据判断矩阵表构建判断矩阵：

$$\boldsymbol{B} = \begin{bmatrix} 1 & 6 & 0.25 \\ 0.17 & 1 & 0.11 \\ 4 & 9 & 1 \end{bmatrix}$$

2)利用求和法计算判断矩阵的最大特征值

(1)将判断矩阵 $\boldsymbol{B}$ 的每一列向量归一化：

$$\boldsymbol{b}_{ij} = \frac{\boldsymbol{a}_{ij}}{\sum_{i=1}^{n} \boldsymbol{a}_{ij}}$$

由上式可得

$$\boldsymbol{B} = \begin{bmatrix} 1 & 6 & 0.25 \\ 0.17 & 1 & 0.11 \\ 4 & 9 & 1 \end{bmatrix} \xrightarrow{\text{列向量归一化}} \begin{bmatrix} 0.19 & 0.38 & 0.18 \\ 0.03 & 0.06 & 0.08 \\ 0.77 & 0.56 & 0.73 \end{bmatrix}$$

(2)将归一化的各行相加：

$$c_i = \sum_{j=1}^{n} b_{ij}$$

由上式可得

$$c_i = \begin{bmatrix} 0.75 \\ 0.18 \\ 2.07 \end{bmatrix}$$

(3)将 c_i 归一化，得到权重：

$$\boldsymbol{W}_B^{(2)} = (\omega_1^{(2)}, \cdots, \omega_i^{(2)})^{\mathrm{T}}$$

其中

$$\omega_i^{(2)} = \frac{c_i}{\sum c_i}$$

由上式可得

$$\boldsymbol{W}_B^{(2)} = \begin{bmatrix} 0.75 \\ 0.18 \\ 2.07 \end{bmatrix} \xrightarrow{\text{归一化}} \begin{bmatrix} 0.25 \\ 0.06 \\ 0.69 \end{bmatrix}$$

通过分析得到拉动因素二级指标权重向量为

$$\boldsymbol{W}_B^{(2)} = \begin{bmatrix} 0.25 & 0.06 & 0.69 \end{bmatrix}$$

(4)求权重向量 $\boldsymbol{W}_B^{(2)}$ 对应的最大特征值：

$$\lambda_{\max} = \frac{1}{n} \sum_i \left(\frac{\left(A\boldsymbol{W}_B^{(2)} \right)_i}{\omega_i^{(2)}} \right)$$

由上式可得

$$\lambda_{\max} = 3.11$$

3)一致性检验

(1)计算一致性指标CI：

$$CI = \frac{\lambda_{\max} - n}{n - 1}$$

由上式可得

$$CI = 0.05$$

(2)计算一致性比例CR：

$$CR = \frac{CI}{RI}$$

因为 $n = 3$ ，查表可知， $RI = 0.58$ ，由上式可得

$$CR = 0.09$$

显然 CR = 0.09<0.1，拉动因素下二级判断矩阵的一致性是可以接受的。

4)指标权重表

拉动因素下二级指标的权重见表 6-5。

表 6-5　拉动因素下二级指标的权重表

一级指标	二级指标	权重
	相对有用性 $B1$	0.25
拉动因素 B	相对易用性 $B2$	0.06
	网络上情感表达 $B3$	0.69

3. 锚定因素下指标的权重

1)构建判断矩阵

锚定因素作为一级指标，其下面有转移成本($C1$)、情感承诺($C2$)两个二级指标。二级指标的判断矩阵见表 6-6。

表 6-6　锚定因素下二级指标的判断矩阵表

C	$C1$	$C2$
$C1$	1.00	0.33
$C2$	3.00	1.00

根据判断矩阵表构建判断矩阵：

$$C = \begin{bmatrix} 1 & 0.33 \\ 3 & 1 \end{bmatrix}$$

2)利用求和法计算判断矩阵的最大特征值

(1)将判断矩阵 C 的每一列向量归一化：

$$b_{ij} = \frac{a_{ij}}{\sum_{i=1}^{n} a_{ij}}$$

由上式可得

$$B = \begin{bmatrix} 1 & 0.33 \\ 3 & 1 \end{bmatrix} \xrightarrow{\text{列向量归一化}} \begin{bmatrix} 0.25 & 0.25 \\ 0.75 & 0.75 \end{bmatrix}$$

(2)将归一化的各行相加：

$$c_i = \sum_{j=1}^{n} b_{ij}$$

由上式可得

$$c_i = \begin{bmatrix} 0.5 \\ 1.5 \end{bmatrix}$$

(3)将 c_i 归一化，即得到权重：

$$\boldsymbol{W}_C^{(2)} = (\omega_1^{(2)}, \cdots, \omega_i^{(2)})^{\mathrm{T}}$$

其中

$$\omega_i^{(2)} = \frac{c_i}{\sum c_i}$$

由上式可得

$$\boldsymbol{W}_C^{(2)} = \begin{bmatrix} 0.5 \\ 1.5 \end{bmatrix} \xrightarrow{\text{归一化}} \begin{bmatrix} 0.25 \\ 0.75 \end{bmatrix}$$

通过分析得到锚定因素二级指标的权重向量为

$$\boldsymbol{W}_C^{(2)} = \begin{bmatrix} 0.25 & 0.75 \end{bmatrix}$$

(4)求权重向量 $\boldsymbol{W}_C^{(2)}$ 对应的最大特征值：

$$\lambda_{\max} = \frac{1}{n} \sum_i \left(\frac{\left(A\boldsymbol{W}_C^{(2)} \right)_i}{\omega_i^{(2)}} \right)$$

由上式可得

$$\lambda_{\max} = 2.00$$

3)一致性检验

(1)计算一致性指标CI：

$$\mathrm{CI} = \frac{\lambda_{\max} - n}{n - 1}$$

由上式可得

$$\mathrm{CI} = 0.00$$

(2)计算一致性比例CR：

$$\mathrm{CR} = \frac{\mathrm{CI}}{\mathrm{RI}}$$

因为 $n = 2$ ，对于二级判断矩阵本身就具备完全一致性，故 CR=0

4)指标权重表

锚定因素下二级指标的权重见表 6-7。

表 6-7　锚定因素下二级指标的权重表

一级指标	二级指标	权重
锚定因素 C	转移成本 C1	0.25
	情感承诺 C2	0.75

(三)三级指标权重

1. 情感性不满意度下指标的权重

1)构建判断矩阵

情感性不满意度作为二级指标，其下面有 $A11$、$A12$、$A13$、$A14$ 4 个三级指标。三级指标的判断矩阵见表 6-8。

表 6-8　情感性不满意度下三级指标的判断矩阵表

A1	A11	A12	A13	A14
A11	1.00	0.25	2.00	3.00
A12	4.00	1.00	4.00	5.00
A13	0.50	0.25	1.00	2.00
A14	0.33	0.20	0.50	1.00

根据判断矩阵表构建判断矩阵：

$$A1 = \begin{bmatrix} 1 & 0.25 & 2 & 3 \\ 4 & 1 & 4 & 5 \\ 0.5 & 0.25 & 1 & 2 \\ 0.33 & 0.2 & 0.5 & 1 \end{bmatrix}$$

2)利用求和法计算判断矩阵的最大特征值

(1)将判断矩阵 $A1$ 的每一列向量归一化：

$$b_{ij} = \frac{a_{ij}}{\sum\limits_{i=1}^{n} a_{ij}}$$

由上式可得

$$A1 = \begin{bmatrix} 1 & 0.25 & 2 & 3 \\ 4 & 1 & 4 & 5 \\ 0.5 & 0.25 & 1 & 2 \\ 0.33 & 0.2 & 0.5 & 1 \end{bmatrix} \xrightarrow{\text{列向量归一化}} \begin{bmatrix} 0.17 & 0.15 & 0.27 & 0.27 \\ 0.69 & 0.59 & 0.53 & 0.45 \\ 0.09 & 0.15 & 0.13 & 0.18 \\ 0.06 & 0.12 & 0.07 & 0.09 \end{bmatrix}$$

(2)将归一化的各行相加：

$$c_i = \sum_{j=1}^{n} b_{ij}$$

由上式可得

$$c_i = \begin{bmatrix} 0.86 \\ 2.26 \\ 0.55 \\ 0.33 \end{bmatrix}$$

(3)将 c_i 归一化，得到权重：

$$W_{A1}^{(3)} = (\omega_1^{(3)}, \cdots, \omega_i^{(3)})^{\mathrm{T}}$$

其中

$$\omega_i^{(3)} = \frac{c_i}{\sum c_i}$$

由上式可得

$$W_{A1}^{(3)} = \begin{bmatrix} 0.86 \\ 2.26 \\ 0.55 \\ 0.33 \end{bmatrix} \xrightarrow{\text{归一化}} \begin{bmatrix} 0.21 \\ 0.57 \\ 0.14 \\ 0.08 \end{bmatrix}$$

通过分析得到推动因素二级指标的权重向量为

$$W_{A1}^{(3)} = \begin{bmatrix} 0.21 & 0.57 & 0.14 & 0.08 \end{bmatrix}$$

（4）求权重向量 $W_{A1}^{(3)}$ 对应的最大特征值：

$$\lambda_{\max} = \frac{1}{n} \sum_i \left(\frac{\left(A W_{A1}^{(3)} \right)_i}{\omega_i^{(3)}} \right)$$

由上式可得

$$\lambda_{\max} = 4.10$$

3）一致性检验

（1）计算一致性指标 CI：

$$CI = \frac{\lambda_{\max} - n}{n - 1}$$

由上式可得

$$CI = 0.03$$

（2）计算一致性比例 CR：

$$CR = \frac{CI}{RI}$$

因为 $n = 4$，查表可知，$RI = 0.90$，由上式可得

$$CR = 0.03$$

显然 $CR = 0.03 < 0.1$，情感性不满意度下三级判断矩阵的一致性是可以接受的。

4）指标权重表

情感性不满意度下三级指标的权重见表 6-9。

表 6-9　情感性不满意度下三级指标的权重表

二级指标	三级指标		权重
情感性不满意度 A1	真实感想表达意愿	A11	0.21
	利用微博度过闲暇时间	A12	0.57
	压力与烦恼在微信上不能倾诉	A13	0.14
	微信可用娱乐消遣少	A14	0.08

2. 信息性不满意度下指标的权重

1）构建判断矩阵

信息性不满意度作为二级指标，其下面有 A21、A22、A23 3 个三级指标。三级指标的判断矩阵见表 6-10。

表 6-10　信息性不满意度下三级指标的判断矩阵表

A2	A21	A22	A23
A21	1.00	5.00	3.00
A22	0.20	1.00	0.33
A23	0.33	3.00	1.00

根据判断矩阵表构建判断矩阵:

$$A2 = \begin{bmatrix} 1 & 5 & 3 \\ 0.2 & 1 & 0.33 \\ 0.33 & 3 & 1 \end{bmatrix}$$

2) 利用求和法计算判断矩阵的最大特征值

(1) 将判断矩阵 $A2$ 的每一列向量归一化:

$$b_{ij} = \frac{a_{ij}}{\sum\limits_{i=1}^{n} a_{ij}}$$

由上式可得

$$A2 = \begin{bmatrix} 1 & 5 & 3 \\ 0.2 & 1 & 0.33 \\ 0.33 & 3 & 1 \end{bmatrix} \xrightarrow{\text{列向量归一化}} \begin{bmatrix} 0.65 & 0.56 & 0.69 \\ 0.13 & 0.11 & 0.08 \\ 0.22 & 0.33 & 0.23 \end{bmatrix}$$

(2) 将归一化的各行相加:

$$c_i = \sum_{j=1}^{n} b_{ij}$$

由上式可得 $c_i = \begin{bmatrix} 1.9 \\ 0.32 \\ 0.78 \end{bmatrix}$

(3) 将 c_i 归一化, 即得到权重:

$$W_{A2}^{(3)} = (\omega_1^{(3)}, \cdots, \omega_i^{(3)})^{\text{T}}$$

其中

$$\omega_i^{(3)} = \frac{c_i}{\sum c_l}$$

由上式可得

$$W_{A2}^{(3)} = \begin{bmatrix} 1.9 \\ 0.32 \\ 0.78 \end{bmatrix} \xrightarrow{\text{归一化}} \begin{bmatrix} 0.63 \\ 0.11 \\ 0.26 \end{bmatrix}$$

（4）求权重向量 $\boldsymbol{W}_{A2}^{(3)}$ 对应的最大特征值：

$$\lambda_{\max} = \frac{1}{n}\sum_i\left(\frac{\left(\boldsymbol{AW}_{A2}^{(3)}\right)_i}{\omega_i^{(3)}}\right)$$

由上式可得

$$\lambda_{\max} = 3.04$$

3）一致性检验

（1）计算一致性指标CI：

$$CI = \frac{\lambda_{\max} - n}{n - 1}$$

由上式可得

$$CI = 0.02$$

（2）计算一致性比例CR：

$$CR = \frac{CI}{RI}$$

因为 $n = 4$ ，查表可知， $RI = 0.58$ ，由上式可得

$$CR = 0.03$$

显然 $CR = 0.03 < 0.1$ ，信息性不满意度下三级判断矩阵的一致性是可以接受的。

4）指标权重表

信息性不满意度下三级指标的权重见表 6-11。

表 6-11　信息性不满意度下三级指标的权重表

二级指标	三级指标		权重
	微信信息来源太少	$A21$	0.63
信息性不满意度 $A2$	微信受众面太小	$A22$	0.11
	微信中有价值公众号难以体现	$A23$	0.26

3. 社会性不满意度下指标的权重

1）构建判断矩阵

社会性不满意度作为二级指标，其下面有 $A31$ 、 $A32$ 、 $A33$ 　3 个三级指标。三级指标的判断矩阵表见表 6-12。

表 6-12　社会性不满意度下三级指标的判断矩阵表

$A3$	$A31$	$A32$	$A33$
$A31$	1.00	3.00	5.00
$A32$	0.33	1.00	3.00
$A33$	0.20	0.33	1.00

根据判断矩阵表构建判断矩阵：

$$A3 = \begin{bmatrix} 1 & 3 & 5 \\ 0.33 & 1 & 3 \\ 0.2 & 0.33 & 1 \end{bmatrix}$$

2) 利用求和法计算判断矩阵的最大特征值

(1) 将判断矩阵 $A3$ 的每一列向量归一化：

$$b_{ij} = \frac{a_{ij}}{\sum_{i=1}^{n} a_{ij}}$$

由上式可得

$$A3 = \begin{bmatrix} 1 & 3 & 5 \\ 0.33 & 1 & 3 \\ 0.2 & 0.33 & 1 \end{bmatrix} \xrightarrow{\text{列向量归一化}} \begin{bmatrix} 0.65 & 0.69 & 0.56 \\ 0.22 & 0.23 & 0.33 \\ 0.13 & 0.08 & 0.11 \end{bmatrix}$$

(2) 将归一化的各行相加：

$$c_i = \sum_{j=1}^{n} b_{ij}$$

由上式可得

$$c_i = \begin{bmatrix} 1.9 \\ 0.78 \\ 0.32 \end{bmatrix}$$

(3) 将 c_i 归一化，即得到权重：

$$W_{A3}^{(3)} = (\omega_1^{(3)}, \cdots, \omega_i^{(3)})^{\mathrm{T}}$$

其中

$$\omega_i^{(3)} = \frac{c_i}{\sum c_i}$$

由上式可得

$$W_{A3}^{(3)} = \begin{bmatrix} 1.9 \\ 0.78 \\ 0.32 \end{bmatrix} \xrightarrow{\text{归一化}} \begin{bmatrix} 0.63 \\ 0.26 \\ 0.11 \end{bmatrix}$$

通过分析得到推动因素下二级指标的权重向量为

$$W_{A3}^{(3)} = \begin{bmatrix} 0.63 & 0.26 & 0.11 \end{bmatrix}$$

(4) 求权重向量 $W_{A3}^{(3)}$ 对应的最大特征值：

$$\lambda_{\max} = \frac{1}{n} \sum_i \left(\frac{\left(A W_{A3}^{(3)} \right)_i}{\omega_i^{(3)}} \right)$$

由上式可得

$$\lambda_{\max} = 3.04$$

3）一致性检验

（1）计算一致性指标CI：

$$CI = \frac{\lambda_{\max} - n}{n-1}$$

由上式可得

$$CI = 0.02$$

（2）计算一致性比例CR：

$$CR = \frac{CI}{RI}$$

因为$n=4$，查表可知，$RI=0.58$，由上式可得

$$CR = 0.03$$

显然$CR=0.03<0.1$，社会性不满意度下三级判断矩阵的一致性是可以接受的。

4）指标权重表

社会性不满意度下三级指标的权重见表6-13。

表6-13　社会性不满意度下三级指标的权重表

二级指标	三级指标		权重
	微信社交面过窄	$A31$	0.63
社会性不满意度 $A3$	微信好友过于繁杂	$A32$	0.26
	微信信息引起关注过少	$A33$	0.11

4. 相对有用性下指标的权重

1）构建判断矩阵

相对有用性作为二级指标，其下面有$B11$、$B12$、$B13$　3个三级指标。三级指标的判断矩阵表见表6-14。

表6-14　相对有用性下三级指标的判断矩阵表

$B1$	$B11$	$B12$	$B13$
$B11$	1.00	2.00	4.00
$B12$	0.50	1.00	3.00
$B13$	0.25	0.33	1.00

根据判断矩阵表构建判断矩阵：

$$\boldsymbol{B}1 = \begin{bmatrix} 1 & 2 & 4 \\ 0.5 & 1 & 3 \\ 0.25 & 0.33 & 1 \end{bmatrix}$$

2) 利用求和法计算判断矩阵的最大特征值

(1) 将判断矩阵 $\boldsymbol{B}1$ 的每一列向量归一化：

$$b_{ij} = \frac{\boldsymbol{a}_{ij}}{\sum\limits_{i=1}^{n} \boldsymbol{a}_{ij}}$$

由上式可得

$$\boldsymbol{B}1 = \begin{bmatrix} 1 & 2 & 4 \\ 0.5 & 1 & 3 \\ 0.25 & 0.33 & 1 \end{bmatrix} \xrightarrow{\text{列向量归一化}} \begin{bmatrix} 0.57 & 0.6 & 0.5 \\ 0.29 & 0.3 & 0.38 \\ 0.14 & 0.1 & 0.13 \end{bmatrix}$$

(2) 将归一化的各行相加：

$$c_i = \sum_{j=1}^{n} b_{ij}$$

由上式可得

$$c_i = \begin{bmatrix} 1.67 \\ 0.96 \\ 0.37 \end{bmatrix}$$

(3) 将 c_i 归一化，即得到权重：

$$\boldsymbol{W}_{B1}^{(3)} = (\omega_1^{(3)}, \cdots, \omega_i^{(3)})^{\mathrm{T}}$$

其中

$$\omega_i^{(3)} = \frac{c_i}{\sum c_i}$$

由上式可得

$$\boldsymbol{W}_{B1}^{(3)} = \begin{bmatrix} 1.67 \\ 0.96 \\ 0.37 \end{bmatrix} \xrightarrow{\text{归一化}} \begin{bmatrix} 0.56 \\ 0.32 \\ 0.12 \end{bmatrix}$$

通过分析得到拉动因素下二级指标的权重向量为

$$\boldsymbol{W}_{B1}^{(3)} = \begin{bmatrix} 0.56 & 0.32 & 0.12 \end{bmatrix}$$

(4) 求权重向量 $\boldsymbol{W}_{B1}^{(3)}$ 对应的最大特征值：

$$\lambda_{\max} = \frac{1}{n} \sum_i \left(\frac{\left(A\boldsymbol{W}_{B1}^{(3)} \right)_i}{\omega_i^{(3)}} \right)$$

由上式可得

$$\lambda_{\max} = 3.02$$

3) 一致性检验

(1) 计算一致性指标 CI：

$$\mathrm{CI} = \frac{\lambda_{\max} - n}{n - 1}$$

由上式可得

$$CI = 0.01$$

(2)计算一致性比例CR：

$$CR = \frac{CI}{RI}$$

因为 $n = 4$ ，查表可知， $RI = 0.58$ ，由上式可得

$$CR = 0.02$$

显然 $CR = 0.02 < 0.1$ ，相对有用性下三级判断矩阵的一致性是可以接受的。

4）指标权重表

相对有用性下三级指标的权重见表 6-15。

表 6-15　相对有用性下三级指标的权重表

二级指标	三级指标		权重
相对有用性 B1	微博实时了解到新信息	B11	0.56
	微博评论功能产生正向影响	B12	0.32
	微博转发信息便捷	B13	0.12

5. 相对易用性下指标的权重

1）构建判断矩阵

相对易用性作为二级指标，其下面有 B21、B22、B23 3 个三级指标。三级指标的判断矩阵表见表 6-16。

表 6-16　相对易用性下三级指标的判断矩阵表

B2	B21	B22	B23
B21	1.00	0.25	0.50
B22	4.00	1.00	4.00
B23	2.00	0.25	1.00

根据判断矩阵表构建判断矩阵：

$$\boldsymbol{B}2 = \begin{bmatrix} 1 & 0.25 & 0.5 \\ 4 & 1 & 4 \\ 2 & 0.25 & 1 \end{bmatrix}$$

2）利用求和法计算判断矩阵的最大特征值

(1)将判断矩阵 $\boldsymbol{B}2$ 的每一列向量归一化：

$$b_{ij} = \frac{\boldsymbol{a}_{ij}}{\sum_{i=1}^{n} \boldsymbol{a}_{ij}}$$

由上式可得

$$B2 = \begin{bmatrix} 1 & 0.25 & 0.5 \\ 4 & 1 & 4 \\ 2 & 0.25 & 1 \end{bmatrix} \xrightarrow{\text{列向量归一化}} \begin{bmatrix} 0.14 & 0.17 & 0.09 \\ 0.57 & 0.67 & 0.73 \\ 0.29 & 0.17 & 0.18 \end{bmatrix}$$

(2)将归一化的各行相加：

$$c_i = \sum_{j=1}^{n} b_{ij}$$

由上式可得

$$c_i = \begin{bmatrix} 0.4 \\ 1.97 \\ 0.63 \end{bmatrix}$$

(3)将 c_i 归一化，即得到权重：

$$W_{B2}^{(3)} = (\omega_1^{(3)}, \cdots, \omega_i^{(3)})^{\mathrm{T}}$$

其中

$$\omega_i^{(3)} = \frac{c_i}{\sum c_i}$$

由上式可得

$$W_{B2}^{(3)} = \begin{bmatrix} 0.4 \\ 1.97 \\ 0.63 \end{bmatrix} \xrightarrow{\text{归一化}} \begin{bmatrix} 0.13 \\ 0.66 \\ 0.21 \end{bmatrix}$$

通过分析得到拉动因素下二级指标的权重向量为

$$W_{B2}^{(3)} = \begin{bmatrix} 0.13 & 0.66 & 0.21 \end{bmatrix}$$

(4)求权重向量 $W_{B2}^{(3)}$ 对应的最大特征值：

$$\lambda_{\max} = \frac{1}{n} \sum_i \left(\frac{\left(A W_{B2}^{(3)} \right)_i}{\omega_i^{(3)}} \right)$$

由上式可得

$$\lambda_{\max} = 3.05$$

3)一致性检验

(1)计算一致性指标 CI：

$$\mathrm{CI} = \frac{\lambda_{\max} - n}{n - 1}$$

由上式可得

$$\mathrm{CI} = 0.03$$

(2)计算一致性比例 CR：

$$\mathrm{CR} = \frac{\mathrm{CI}}{\mathrm{RI}}$$

因为 $n = 4$，查表可知，$\mathrm{RI} = 0.58$，由上式可得

$$\mathrm{CR} = 0.05$$

显然 CR = 0.05 < 0.1，相对易用性下三级判断矩阵的一致性是可以接受的。

4）指标权重表

相对易用性下三级指标的权重见表 6-17。

表 6-17　相对易用性下三级指标的权重表

二级指标	三级指标		权重
	微博使用便捷性	$B21$	0.13
相对易用性 $B2$	微博信息分享易被理解	$B22$	0.66
	微博分享信息的方式简单	$B23$	0.21

6. 网络上情感表达下指标的权重

1）构建判断矩阵

网络上情感表达作为二级指标，其下面有 $B31$、$B32$、$B33$　3 个三级指标。三级指标的判断矩阵表见表 6-18。

表 6-18　网络上情感表达下三级指标的判断矩阵表

$B3$	$B31$	$B32$	$B33$
$B31$	1.00	2.00	5.00
$B32$	0.50	1.00	4.00
$B33$	0.20	0.25	1.00

根据判断矩阵表构建判断矩阵：

$$\boldsymbol{B}3 = \begin{bmatrix} 1 & 2 & 5 \\ 0.25 & 1 & 4 \\ 0.2 & 0.25 & 1 \end{bmatrix}$$

2）权重计算

（1）将判断矩阵 $\boldsymbol{B}3$ 的每一列向量归一化：

$$b_{ij} = \frac{\boldsymbol{a}_{ij}}{\sum\limits_{i=1}^{n} \boldsymbol{a}_{ij}}$$

由上式可得

$$\boldsymbol{B}3 = \begin{bmatrix} 1 & 2 & 5 \\ 0.25 & 1 & 4 \\ 0.2 & 0.25 & 1 \end{bmatrix} \xrightarrow{\text{列向量归一化}} \begin{bmatrix} 0.59 & 0.62 & 0.5 \\ 0.29 & 0.31 & 0.4 \\ 0.12 & 0.08 & 0.1 \end{bmatrix}$$

（2）将归一化的各行相加：

$$c_i = \sum\limits_{j=1}^{n} b_{ij}$$

由上式可得

$$c_i = \begin{bmatrix} 1.7 \\ 1 \\ 0.29 \end{bmatrix}$$

(3)将 c_i 归一化,即得到权重:

$$W_{B3}^{(3)} = (\omega_1^{(3)}, \cdots, \omega_i^{(3)})^{\mathrm{T}}$$

其中

$$\omega_i^{(3)} = \frac{c_i}{\sum c_i}$$

由上式可得

$$W_{B3}^{(3)} = \begin{bmatrix} 1.7 \\ 1 \\ 0.29 \end{bmatrix} \xrightarrow{\text{归一化}} \begin{bmatrix} 0.57 \\ 0.33 \\ 0.1 \end{bmatrix}$$

通过分析得到拉动因素下二级指标的权重向量为

$$W_{B3}^{(3)} = \begin{bmatrix} 0.57 & 0.33 & 0.1 \end{bmatrix}$$

(4)求权重向量 $W_{B3}^{(3)}$ 对应的最大特征值:

$$\lambda_{\max} = \frac{1}{n} \sum_i \left(\frac{(AW_{B3}^{(3)})_i}{\omega_i^{(3)}} \right)$$

由上式可得

$$\lambda_{\max} = 3.02$$

3)一致性检验

(1)计算一致性指标 CI:

$$\mathrm{CI} = \frac{\lambda_{\max} - n}{n - 1}$$

由上式可得

$$\mathrm{CI} = 0.01$$

(2)计算一致性比例 CR:

$$\mathrm{CR} = \frac{\mathrm{CI}}{\mathrm{RI}}$$

因为 $n = 4$,查表可知, $\mathrm{RI} = 0.58$,由上式可得

$$\mathrm{CR} = 0.02$$

显然 $\mathrm{CR} = 0.02 < 0.1$,网络上情感表达下三级判断矩阵的一致性是可以接受的。

4)指标权重表

网络上情感表达下三级指标的权重见表6-19。

表 6-19   网络上情感表达下三级指标的权重表

二级指标	三级指标		权重
	微博具有吸引性	$B31$	0.57
网络上情感表达 $B3$	微信使用的愉悦性	$B32$	0.33
	微信使用的明智性	$B33$	0.10

7. 转移成本下指标的权重

1）构建判断矩阵

转移成本作为二级指标，其下面有 $C11$、$C12$、$C13$ 3 个三级指标。三级指标的判断矩阵表见表 6-20。

表 6-20   转移成本下三级指标的判断矩阵表

$C1$	$C11$	$C12$	$C13$
$C11$	1.00	7.00	5.00
$C12$	0.14	1.00	0.33
$C13$	0.20	3.00	1.00

根据判断矩阵表构建判断矩阵：

$$C1 = \begin{bmatrix} 1 & 7 & 5 \\ 0.14 & 1 & 0.33 \\ 0.20 & 3 & 1 \end{bmatrix}$$

2）利用求和法计算判断矩阵的最大特征值

（1）将判断矩阵 $C1$ 的每一列向量归一化：

$$b_{ij} = \frac{a_{ij}}{\sum\limits_{i=1}^{n} a_{ij}}$$

由上式可得

$$C1 = \begin{bmatrix} 1 & 7 & 5 \\ 0.14 & 1 & 0.33 \\ 0.2 & 3 & 1 \end{bmatrix} \xrightarrow{\text{列向量归一化}} \begin{bmatrix} 0.74 & 0.64 & 0.79 \\ 0.11 & 0.09 & 0.05 \\ 0.15 & 0.27 & 0.16 \end{bmatrix}$$

（2）将归一化的各行相加：

$$c_i = \sum\limits_{j=1}^{n} b_{ij}$$

由上式可得

$$c_i = \begin{bmatrix} 2.17 \\ 0.25 \\ 0.58 \end{bmatrix}$$

(3)将 c_i 归一化，即得到权重：

$$W_{C1}^{(3)} = (\omega_1^{(3)}, \cdots, \omega_i^{(3)})^{\mathrm{T}}$$

其中

$$\omega_i^{(3)} = \frac{c_i}{\sum c_i}$$

由上式可得

$$W_{C1}^{(3)} = \begin{bmatrix} 2.17 \\ 0.25 \\ 0.58 \end{bmatrix} \xrightarrow{\text{归一化}} \begin{bmatrix} 0.72 \\ 0.08 \\ 0.19 \end{bmatrix}$$

通过分析得到锚定因素下二级指标的权重向量为

$$W_{C1}^{(3)} = \begin{bmatrix} 0.72 & 0.08 & 0.19 \end{bmatrix}$$

(4)求权重向量 $W_{C1}^{(3)}$ 对应的最大特征值：

$$\lambda_{\max} = \frac{1}{n} \sum_i \left(\frac{(AW_{C1}^{(3)})_i}{\omega_i^{(3)}} \right)$$

由上式可得

$$\lambda_{\max} = 3.07$$

3)一致性检验

(1)计算一致性指标 CI：

$$\mathrm{CI} = \frac{\lambda_{\max} - n}{n - 1}$$

由上式可得

$$\mathrm{CI} = 0.03$$

(2)计算一致性比例 CR：

$$\mathrm{CR} = \frac{\mathrm{CI}}{\mathrm{RI}}$$

因为 $n = 4$，查表可知，$\mathrm{RI} = 0.58$，由上式可得

$$\mathrm{CR} = 0.05$$

显然 $\mathrm{CR} = 0.05 < 0.1$，转移成本下三级判断矩阵的一致性是可以接受的。

4)指标权重表

转移成本下三级指标的权重见表 6-21。

表 6-21 转移成本下三级指标的权重表

二级指标	三级指标		权重
	微信社交网络建立的时间成本	C11	0.72
转移成本 C1	微信上使用时间的维持成本	C12	0.08
	停用微信造成的影响	C13	0.19

8. 情感承诺下指标的权重

1) 构建判断矩阵

情感承诺作为二级指标，其下面有 $C21$、$C22$、$C23$ 3 个三级指标。三级指标的判断矩阵见表 6-22。

表 6-22　情感承诺下三级指标的判断矩阵表

$C2$	$C21$	$C22$	$C23$
$C21$	1.00	7.00	4.00
$C22$	0.14	1.00	0.25
$C23$	0.25	4.00	1.00

根据判断矩阵表构建判断矩阵：

$$C2 = \begin{bmatrix} 1 & 7 & 4 \\ 0.14 & 1 & 0.25 \\ 0.25 & 4 & 1 \end{bmatrix}$$

2) 利用求和法计算判断矩阵的最大特征值

(1) 将判断矩阵 $C2$ 的每一列向量归一化：

$$b_{ij} = \frac{a_{ij}}{\sum_{i=1}^{n} a_{ij}}$$

由上式可得

$$C2 = \begin{bmatrix} 1 & 7 & 4 \\ 0.14 & 1 & 0.25 \\ 0.25 & 4 & 1 \end{bmatrix} \xrightarrow{\text{列向量归一化}} \begin{bmatrix} 0.72 & 0.58 & 0.76 \\ 0.1 & 0.08 & 0.05 \\ 0.18 & 0.33 & 0.19 \end{bmatrix}$$

(2) 将归一化的各行相加：

$$c_i = \sum_{j=1}^{n} b_{ij}$$

由上式可得

$$c_i = \begin{bmatrix} 2.06 \\ 0.23 \\ 0.70 \end{bmatrix}$$

(3) 将 c_i 归一化，即得到权重：

$$W_{C2}^{(3)} = (\omega_1^{(3)}, \cdots, \omega_i^{(3)})^{\mathrm{T}}$$

其中

$$\omega_i^{(3)} = \frac{c_i}{\sum c_i}$$

由上式可得

$$\boldsymbol{W}_{C2}^{(3)} = \begin{bmatrix} 2.06 \\ 0.23 \\ 0.7 \end{bmatrix} \xrightarrow{\text{归一化}} \begin{bmatrix} 0.69 \\ 0.08 \\ 0.23 \end{bmatrix}$$

通过分析得到锚定因素下二级指标的权重向量为

$$\boldsymbol{W}_{C2}^{(3)} = \begin{bmatrix} 0.69 & 0.08 & 0.23 \end{bmatrix}$$

（4）求权重向量 $\boldsymbol{W}_{C2}^{(3)}$ 对应的最大特征值：

$$\lambda_{\max} = \frac{1}{n}\sum_i \left(\frac{\left(\boldsymbol{AW}_{C2}^{(3)}\right)_i}{\omega_i^{(3)}} \right)$$

由上式可得

$$\lambda_{\max} = 3.08$$

3）一致性检验

（1）计算一致性指标 CI：

$$CI = \frac{\lambda_{\max} - n}{n - 1}$$

由上式可得

$$CI = 0.04$$

（2）计算一致性比例 CR：

$$CR = \frac{CI}{RI}$$

因为 $n = 4$，查表可知，$RI = 0.58$，由上式可得

$$CR = 0.07$$

显然 $CR = 0.07 < 0.1$，情感承诺下三级判断矩阵的一致性是可以接受的。

4）指标权重表

情感承诺下三级指标的权重见表 6-23。

表 6-23　情感承诺下三级指标的权重表

二级指标	三级指标		权重
	对微信的情感联系	C21	0.69
情感承诺 C2	使用微信的习惯性	C22	0.08
	微信好友的情感关联性	C23	0.23

(四)影响因素权重总排序

获得同一层次各要素之间的相对重要度后，计算各级要素对一级指标层的综合重要度。二级指标准则层共有 8 个因素 $A1$、$A2$、$A3$、$B1$、$B2$、$B3$、$C1$、$C2$，其对一级指标层的权重矩阵分别为 $\boldsymbol{W}_A^{(2)}$、$\boldsymbol{W}_B^{(2)}$、$\boldsymbol{W}_C^{(2)}$；三级指标层共有 25 个因素，令三级指标层对二级指标准则层的权重矩阵分别为 $\omega_A^{(3)} = \left[\boldsymbol{W}_{A1}^{(3)}, \boldsymbol{W}_{A2}^{(3)}, \boldsymbol{W}_{A3}^{(3)} \right]$，$\omega_B^{(3)} = \left[\boldsymbol{W}_{B1}^{(3)}, \boldsymbol{W}_{B2}^{(3)}, \boldsymbol{W}_{B3}^{(3)} \right]$，$\omega_C^{(3)} = \left[\boldsymbol{W}_{C1}^{(3)}, \boldsymbol{W}_{C2}^{(3)} \right]$，则三级指标层的综合权重分别为

$$\omega_A = \frac{1}{3}\omega_A^{(3)}W_A^{(2)}, \omega_B = \frac{1}{3}\omega_B^{(3)}W_B^{(2)}, \omega_C = \frac{1}{3}\omega_C^{(3)}W_C^{(2)}$$

因此，由上式可得到三级指标层对一级指标准则层的综合权重，见表6-24。

表6-24 影响因素权重总排序表

一级指标	二级指标	三级指标		综合权重
推动因素 A	情感性不满意度 A1	真实感想表达意愿	A11	0.043
		利用微博度过闲暇时间	A12	0.118
		压力与烦恼在微信上不能真实倾诉	A13	0.029
		微信可用娱乐消遣少	A14	0.017
	信息性不满意度 A2	微信信息来源太少	A21	0.059
		微信受众面太小	A22	0.010
		微信中有价值公众号难以体现	A23	0.024
	社会性不满意度 A3	微信社交面过窄	A31	0.021
		微信好友过于繁杂	A32	0.009
		微信信息引起关注过少	A33	0.004
拉动因素 B	相对有用性 B1	微博实时了解到新信息	B11	0.047
		微博评论功能产生正向影响	B12	0.027
		微博转发信息便捷	B13	0.010
	相对易用性 B2	微博使用便捷性	B21	0.003
		微博信息分享易被理解	B22	0.013
		微博分享信息的方式简单	B23	0.004
	网络上情感表达 B3	微博具有吸引性	B31	0.131
		微信使用的愉悦性	B32	0.076
		微信使用的明智性	B33	0.023
锚定因素 C	转移成本 C1	微信社交网络建立的时间成本	C11	0.060
		微信上使用时间的维持成本	C12	0.007
		停用微信造成的影响	C13	0.016
	情感承诺 C2	对微信的情感联系	C21	0.173
		使用微信的习惯性	C22	0.020
		微信好友的情感关联性	C23	0.058

四、用户迁移研究结论

(一)推动因素对迁移意愿的影响

研究结果表明，微信用户不满意度(推动因素)对微信用户向微博迁移的意愿有较大影响。本书设置了3个二级指标来考察微信用户不满意度的影响因素，分别是情感性不满意度、信息性不满意度、社会性不满意度。结果发现，情感性不满意度在推动因素下的 3 个二级指标中所占的权重最大，为 0.62，其余两个分别为 0.28、0.10，而在情感性不满意度下的三级指标中，$A12$（利用微博度过闲暇时间）所占权重最大，达到 0.118。

从消费者行为学的角度，消费者选择某一产品或服务的原因大部分是为了满足其自身心理需求，是符合利益驱动的消费者行为。当消费者无法在某一产品或服务中获得心理需求的满足时，该产品便很有可能被消费者寻找到的新产品替代。针对微信产品，通过前面的分析，可以了解到其满足用户的主要需求为情感性需求、信息性需求、社会性需求。当这些用户需求没有被满足时，用户很有可能被市场上其他同类型产品所吸引，从而产生用户迁移现象。

通过对微信产品的深入分析及对用户进行访谈的过程整理发现，微信最大的不足之处在于其信息获取方面，主要有信息来源渠道较少、信息更新不够及时、信息获取方式不便捷等问题，这些都将导致用户获取信息的成本增加，促使用户对微信产品产生不满意度。但与此同时，微信也有其独特的优点，即微信的社交功能，满足了用户随时随地与亲友沟通交流的需求，这是微信产品研发面市最基本的功能。综上所述，目前微信产品不能很好地满足用户的情感性需求、信息性需求及社会性需求，这也是导致微信用户向微博迁移的主要推动因素。

（二）拉动因素对迁移意愿的影响

本书从相对有用性、相对易用性及网络上情感表达 3 个维度分析微博吸引力的影响因素，研究结果如下。

第一，相对有用性在拉动因素中的权重为 0.25。产品有用性即表明该产品是具有价值的，用户使用该产品都是受利益驱使，当用户认同使用微博的有用性时，无论是从情感方面还是实际利益方面，都将对用户产生一定的吸引力。

第二，相对易用性在拉动因素中的权重仅为 0.06，影响程度并不显著。微信和微博两款产品作为开放式的使用平台，为了满足广大用户的使用需求，设置了多样化的功能，因此两者在易用性方面差异不大，所以相对易用性在微博的拉动因素中重要性偏低。同时，本次调研对象主要是高校学生和年轻白领，他们学习能力相对较强，对新产品适用更快，因此对易用性差异的感知并不明显。

第三，网络上情感表达对微信向微博迁移的拉动因素影响最大，权重为 0.69。研究表明，社交网络用户数量是衡量社交网络价值的一项重要标准，社交网络价值与社交网络用户数量近似呈线性正比关系。通过前期微博用户推广活动，已经积累起较多的活跃用户数，微博平台的开放式与较强的互动性会吸引更多的人来使用微博；反之，微信近年来在用户经营上面所花精力不多，虽然用户群体仍然较大，但活跃用户数有所下降，微信向微博回流的现象较明显，对用户的吸引力也越发降低。

（三）锚定因素对迁移意愿的影响

第一，转移成本对微信用户向微博迁移的意愿有一定影响，其影响权重为 0.25。用户对产品的使用时间越长，转移成本也就越高，就越不容易放弃该产品。这是因为在任一产品上花费的时间精力都具有成本价值。如果用户使用新产品带来的收益大于损失，此时用户迁移意愿会更强烈，反之，如果转移成本过高，用户不会轻易转移。

第二，情感承诺对微信用户向微博迁移的意愿影响较大，权重为0.75。从消费者心理学角度，情感承诺是用户与产品或顾客与企业之间的联系，需花费很长时间得以形成。因此这种情感关系不会轻易被舍弃，同样在社交媒体领域也是如此。当用户对某一产品产生了依赖，建立起了情感联系后，用户迁移意愿会受这种情感承诺阻碍。

引入PPM理论对微信用户向微博转移的迁移意愿进行分析探讨，研究用户迁移的三大影响因素，通过对用户迁移影响因素的分析，可以更好地了解用户迁移过程，为运营商在面对用户迁移问题时提供决策资料。

本　章　小　结

本章在PPM理论的基础上，通过构建微信用户向微博迁移的影响因素评价体系，利用AHP对微信用户向微博迁移的影响因素进行研究分析。首先，对微信用户向微博迁移进行研究假设，分析了用户跨平台迁移行为的存在性和迁移路径的假设；其次，梳理了国内外学者关于PPM理论框架中的三大主要因素：推动因素、拉动因素及锚定因素，并对影响微信用户向微博迁移的影响因素进行相关合理性分析；最后，将PPM模型运用于微信用户向微博迁移的影响因素分析，对影响因素进行筛选，构建影响因素评价指标体系，并引入AHP分析微信用户向微博迁移的影响因素权重，以期得出推动因素、拉动因素、锚定因素中各因素对微信用户向微博迁移意愿的重要程度。

参　考　文　献

[1]中国互联网络信息中心. 第44次《中国互联网络发展状况统计报告》[EB/OL]. (2019-08-30)[2019-12-23]. http://www.cac. gov. cn/2019-08/30/c_1124938750. htm.

[2]中国互联网络信息中心. 第43次《中国互联网络发展状况统计报告》[EB/OL]. (2019-08-13)[2019-12-23]. http://www. sohu. com/a/333446151_100049487.

[3]新浪微博数据中心. 2018微博用户发展报告[EB/OL]. (2019-03-15)[2019-12-23]. https://www. useit. com. cn/thread-22578-1-1. html.

[4]Hsieh J K, Hsieh Y C, Chiu H C, et al. Post-adoption switching behavior for online service substitutes: a perspective of the push-pull-mooring framework[J]. Computers in Human Behavior, 2012, 28(5): 1912-1920.

[5]Xu Y C, Yang Y, Cheng Z, et al. Retaining and attracting users in social networking an empirical investigation of cyber migration[J]. The Journal of Strategic Information, 2014, 23(3): 239-253.

[6]曹雄飞. 理解博客用户向微博的转移[D]. 合肥: 中国科学技术大学, 2014.

[7]赵宇翔, 刘周颖. IT采纳和使用中用户迁移行为研究综述[J]. 图书与情报, 2017(5): 86-96.

[8]曹玉枝, 鲁耀斌, 杨水清. 影响用户从网下到网上转移使用意愿因素的研究[J]. 管理学报, 2013, 10(3): 404-412.

[9]Fan L, Suh Y H. Why do users switch to a disruptive technology? an empirical study based on expectation-disconfirmation theory[J]. Information & Management, 2014, 51(2): 240-248.

[10]Wu Y L, Tao Y H, Li C P, et al. User-switching behavior in social network sites: a model perspective with drill——down analyses[J]. Computers in Human Behavior, 2014, 43(2): 241-272.

[11]杨石山. 社交网站用户转换意向研究[D]. 南京: 南京大学, 2012.

[12]Sussman S W, Siegal W S. Informational influence in organizations: an integrated approach to knowledge adoption[J]. Information systems research, 2003, 14(1): 47-65.

[13]Zhu K, Weyant J. Strategic exercise of real options: investment decisions in technological systems[J]. Journal of Systems Science and Systems Engineering, 2003, 12(3): 257-278.

[14]王娟. 微博客户的使用动机与行为[D]. 济南: 山东大学, 2010.

[15]武倩. 微博持续采纳意向的影响因素研究[D]. 大连: 大连理工大学, 2012.

[16]Zhang K Z K, Lee M K O, Cheng C M K, et al. Understanding the role of gender in bloggers' switching behavior[J]. Decision Support Systems, 2009, 47(4): 540-546.

[17]杨帆. 网络舆论事件中微博评论情感倾向及程度研究——以"于欢案"为例[J]. 传媒观察, 2018(11): 60-66.

[18]Jones M A, Mothersbaugh D L, Beatty S E. Why consumer stay: measuring the underlying dimensions of service switching costs and managing their differential strategic out comes [J]. Journal of Business Research, 2002, 55(6): 4441-4450.

[19]Meyer J P, Allen N J. A three-component conceptualization of organizational commitment [J]. Human resource management review, 1991, 1(1): 61-89.

[20]黄伟, 阙涛. 层次分析法的应用[M]. 大连: 大连东北财经大学出版社, 2001.

[21]谢承华. AHP 及其应用[J]. 兰州商学院学报, 2001(2): 79-82.

[22]杨曦. 层次分析法下小额贷款公司社会绩效评估体系的构建探讨[J]. 商场现代化, 2016(12): 242-243.

第七章 基于 Norton-Bass 模型的数字创意产品扩散研究

第六章从用户的角度对数字创意产品迁移过程中的影响因素进行了分析,表明各数字创意产品竞争中存在用户迁移的假设。产品用户的流动迁移必将对产品扩散产生影响。一方面由产品用户迁移引出产品扩散研究;另一方面对数字创意产品扩散研究具有一定的指导意义,了解用户对于数字创意产品的选择影响因素后,便于企业更能准确地定位生产符合用户需求的产品。本章选用 VR 设备和智能电视作为数字创意产品的典型代表,以最近几年的实际销售量为基础,运用 Bass 模型和 Norton-Bass 模型对 VR 设备、智能电视未来几年的预销售量进行研究,研究表明预测结果符合 VR 设备和智能电视的实际扩散情况,从而使企业可以生产符合市场用户需求的数字创意产品。

第一节 模型的参数估计方法

参数估计方法在研究经济方面计量问题中起着相对重要的作用,尤其是在市场扩散模型的研究中需要进行参数估计,如在利用创新扩散模型预测数字创意产品的扩散量时,需要用到参数估计方法预测创新系数 p、模仿系统 q、首次购买的最大市场潜力 m 等系数。由此国内外相关研究学者不断地对参数估计方法进行钻研,经过长期的研究,建立了多种扩散模型的参数估计方法,而在多种方法中选择最适合研究对象的参数估计方法是影响扩散模型能否被创建成功及模型模拟结果是否正确的关键因素之一。创新扩散模型的参数估计方法有多种,包括时间不变的参数估计方法、时间变化的参数估计方法、数据不充足时的参数估计方法及遗传算法的参数估计方法,本书通过对以上参数估计方法进行对比分析,根据数字创意产品的特性及数据收集量选择适合研究对象的参数估计方法。

一、相关参数估计方法

(一)时间不变的参数估计方法

1. 最小二乘法

数据充足的条件下,普通的最小二乘法是使用最为广泛的方法之一。其他的参数估计方法也都是以最小二乘法为基础进行估计的。

$$\hat{y} = a + bx$$
$$Q = \sum (y - \hat{y}) \Rightarrow 最小$$
$$= \sum (y - a - bx)^2 \Rightarrow 最小$$

对 a 和 b 求一阶偏微分：

$$\frac{\partial Q}{\partial a} = 2\sum(y - a - bx)(-a)^t = 0$$

$$\frac{\partial Q}{\partial b} = 2\sum(y - a - bx)(-bx)^t = 0$$

得

$$\begin{cases} \sum y - na - b\sum x = 0 \\ \sum xy - a\sum x - b\sum x^2 = 0 \end{cases} \Rightarrow \begin{cases} \sum y = na + b\sum x \\ \sum xy = a\sum x + b\sum x^2 \end{cases}$$

$$\Rightarrow \begin{cases} a = \dfrac{\sum y}{n} - b\dfrac{\sum x}{n} \\ b = \dfrac{\sum xy - \dfrac{1}{n}\sum x\sum y}{\sum x^2 - \dfrac{1}{n}\left(\sum x\right)^2} = \dfrac{L_{xy}}{L_{xx}} \end{cases}$$

式中，如果 x 改变一个单位，则 y 平均改变一个 b 的值。

将最小二乘法运用于创新扩散模型的参数估计中，形式如下：

$$n(t) = pm + (q - p)N(t) - \frac{q}{m}[N(t)]^2$$

$$n(t) = a + bN_{t-1} + cN_{t-1}^2$$

其中，$a = pm$，$b = q - p$ 和 $c = -q/m$。

由此一来，对参数 p、q、m 的估计转换为对模型参数 a、b 和 c 的估计。在运用最小二乘法估计模型参数时，若没有对创新扩散时间序列中的所有历史数据点加权，则可以采用折现最小二乘法。因为最小二乘法具有局限性，它存在自变量 N 和 N^2 共线性的缺点，该问题的存在会导致计算结果不准确。其次，该方法是基于离散时间序列的数据来估计连续变量的参数，从而不能准确地估计拐点附近的值。最后，在采用该方法计算估计时，不能直接提供参数 p、q 和 m 估计的标准偏差，因此不能直观地评估参数。

2. 最大似然估计法

Schmittlein 和 Mahajan 于 1982 年提出了最大似然估计法。该方法在一定程度上避免了时间间隔中的偏差，与此同时它还提供了参数 p、q 和 m 估计的标准偏差。该参数估计方法目前仍被研究者广泛使用。

当 $(X_1, X_2, \cdots, X_n)$ 固定时，要使样本 $X_1, X_2, \cdots, X_n$ 出现有较大可能性的 $\theta_j(j = 1, 2, \cdots, k)$，必须满足以下方程组：

$$\frac{\partial \ln L}{\partial \theta_j} = 0 \qquad (j = 1, 2, \cdots, k \leqslant n)$$

在实际求解时，以上方程组常用以下方程组代替：

$$\frac{\partial \ln L}{\partial \Theta_j} = 0 \qquad (j = 1, 2, \cdots, k \leqslant n)$$

此方程组的解 $\Theta'_j = \Theta'_j (X_1, X_2, \cdots, X_n)$ 即为 Θ_j 的极大似然估计。

同样，最大似然估计法也具有局限性，其仅考虑采样误差，忽略了其他方面的误差，如忽略了营销变量对扩散过程的影响。这将导致估计系数的标准偏差被低估，从而影响计算结果的准确性[1]。

3. 非线性最小二乘(NLS)法

Srinivassan 和 Mason 在 1986 年提出了非线性最小二乘法，该方法运用平方误差和最小误差之和来进行非线性静态模型参数的估计。该方法解决了最大似然估计法的一些缺点。具体形式如下：

$$N(t+1) - N(t) = m \left[F(t+1) - F(t) \right] + u_t$$

其中

$$F(t) = \frac{1 - \exp\left[-(p+q)t \right]}{1 + \exp(q/p)\left[-(p+q)t \right]}$$

非线性最小二乘法通常使用简单的模型进行构建，有利于优化算法，在该方法中关键问题在于初始值的选择。Srincasan 和 Mason 建议先用最小二乘法获得的参数估计的结果作为非线性最小二乘法的初始值，然后进行模型参数的进一步估计[2]。

(二)时间变化的参数估计方法

初期新产品可以作为预测的数据不够充足，但随着时间不断推移，新产品会不断吸引潜在消费者，可以用于研究的扩散数据会逐渐增加。时间变化的参数估计方法则是使用新增加的数据来不断地修改和完善以前系数估计的参数方法。目前针对时间变化的参数估计方法，运用较为广泛的有贝叶斯法和滤波法。虽然时间变化的参数估计方法相比时间不变的参数估计方法具有一定的优势，但也存在一些局限性，如在估计参数时，需要求模型的解析解和离散形式[3]。

(三)数据不充足时的参数估计方法

在扩散的数据相对充足的情况下，可直接从该过程中获得参数估计值，但是实际情况中数据大多是缺乏的。基于此情况，可采用判断法和模拟法对参数进行估计。判断法是一种使用外部信息来估计参数的参数估计方法。Mahajan 和 Sharma 于 1986 年创建了利用管理判断估计扩散参数的代数估计程序。该程序需要提供市场规模 M、非累积采用者曲线达到尖端的时间 t 及扩散达到峰值时的使用者数量。1981 年，劳伦斯和劳顿提出了新的估计程序，该程序需要管理者提供潜在市场量 M、首次采用者的数量及 $p+q$ 的值。Christophe Van Den Bulte 认为若创新扩散模型的参数估计的上限接近最后一个观察期的累积采用率，则会导致对最大潜力的低估。估计的模仿系数随着上限的增加而产生缩减。模拟方法是一种常用的参数估计方法，它使用类似于创新产品扩散的历史数据进行估计。使用类比方法进行参数估计的步骤如下：①确定扩散路径相似的产品；②获取 p 和 q 值并导入新产品的扩散模型中。选择相似产品尤为重要，在确定类似产品时首要考虑市场行为的相似性，而非考虑产品的相似性。通常可以从市场环境背景、市场整体结构、买方行为、企业营销、产品的参数等方面进行考虑。产品的参数值可以借鉴类似商品扩散参数值加权平均获得。

(四)遗传算法的参数估计方法

遗传算法由美国密歇根大学的 J. Holland 教授于 1975 年首次提出。它是一种计算模型，用于模拟自然进化和达尔文生物进化的遗传机制。遗传算法在搜索过程中即使定义的自适应函数不是连续的，也能找到最佳解决方案，在搜索过程中不容易陷入局部最优；遗传算法还具有固有的隐式并行性优势[4]。

遗传算法从解决问题的种群开始，种群由若干的基因编码个体组成。染色体作为遗传的载体，由多个基因组合而成。由于模仿基因编码的程序设计相对复杂，因此需要在最初就完成从表型到基因型的映射。与自然进化一样，后代种群比前代种群更适应环境。在对最后一代种群中的最优个体进行解码后，它可以作为该问题的近似最优解。通常情况下，遗传算法的整个过程如图 7-1 所示。

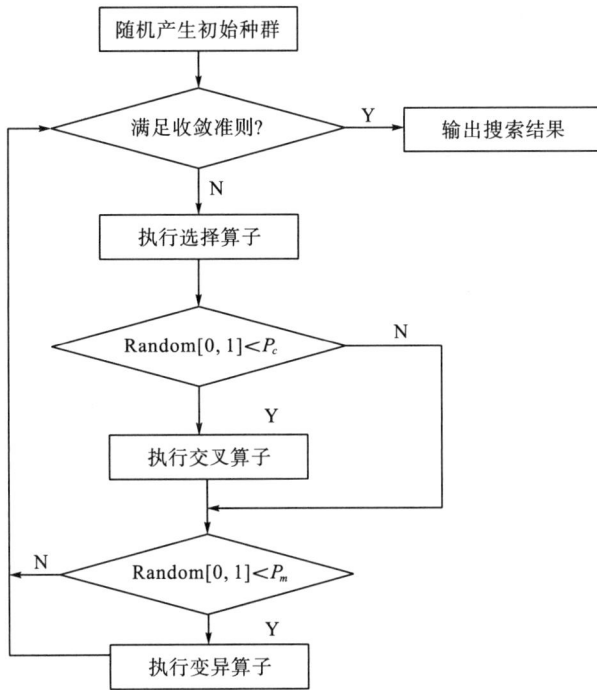

图 7-1　遗传算法

用于估计新产品扩散模型参数的算法至少有两个属性：一是能够估计参数并在很少的情况下对新产品市场的生命周期进行早期观察；二是现有观测数据无须分析即可直接估计连续微分方程的参数。因此，鉴于研究对象的复杂性和模型数据不充足，遗传算法是最优的参数估计方法，其基本步骤如下。

(1)初始化。任意选择部分个体组成一个集合 b_i，$i = 1, 2, \cdots, n$，通常 $n = 30 \sim 160$。以此种方式选择的初始组是初始集合对这些问题的假设解。

(2)选择。根据选择适应性原则。选择适应性原则体现了自然竞争法则——适者生存。

而适者生存，个体的适应程度决定了繁殖数量，当适应度高时，繁殖下一代的概率就大；当适应度小时，繁殖数量就小，甚至可能被淘汰。通过选择的环节，可以淘汰一部分适应力差的个体。相关研究表明，根据适应度选择中间解决方案，能更接近最优解。选择方法归类如下：适应度法、随机遍历采样法和局部选择法。

（3）交叉。此过程结合了自然界中有性生殖基因重组的原理。通过此环节可以让后代接收到优良的遗传基因，再通过基因的重新整合，从而获得新的个体。在此环节中，随机选用可繁殖的后代，并以一定的交叉概率 p 在所选个体中进行交换。

（4）变化。此过程基于遗传学中的遗传突变原理，根据突变概率 P_m 在某些种群的某些部分随机进行突变。进行突变时，否定执行突变的各个字符串的相应位，即将 1 更改为 0，将 0 更改为 1，与生物突变的情况一样，突变概率 P_m 非常小。因此，P_m 的取值范围小，通常只能在 0.01～0.2 取值。变异算法主要包括实值变异和二进制变异。

（5）全局最优收敛。当且仅当最佳个体的适应度可以达到给定的阈值或者最佳个体的适应度和群体适应度不再提高时，算法的迭代过程收敛算才算结束。否则，将上一代组替换为通过选择、交叉和变异获得的新一代组，然后返回到步骤（2），继续执行选择操作。遗传算法的执行过程如图 7-2 所示。

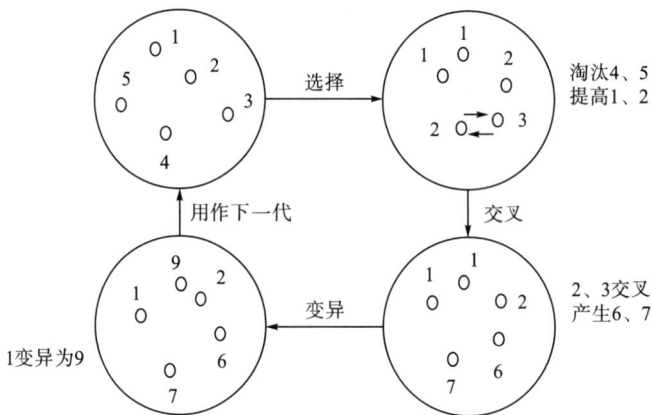

图 7-2　遗传算法的执行过程

二、参数估计方法小结

本节主要研究扩散模型的参数估计方法，并通过比较分析了几种参数估计方法的特点，见表 7-1。此外，本章重点介绍了一种用于扩散模型遗传算法的新参数估计方法。

表 7-1　几种参数估计方法的特点分析

参数估计方法	特点
时间不变的参数估计方法	为了估计的准确性需要充足的模型数据
时间变化的参数估计方法	为了估计的准确性需要充足的模型数据
数据不充足时的参数估计方法	需要大量外部消息
遗传算法的参数估计方法	模型数据不充足时，仍能进行预估

第二节　基于 Bass 模型的 VR 设备扩散模式研究

Bass 模型及其扩展理论是常用的市场分析工具,可以用其对新产品、新技术扩散方式进行分析。VR 设备是典型的数字创意产品,是创建和体验虚拟世界的计算机仿真系统,它利用计算机生成一种模拟环境,使用户沉浸到该环境中。VR 涉及的数字内容较为丰富,包括虚拟现实、增强现实、混合现实等领域,具有很好的沉浸性、交互性、构想性特征,并且 VR 设备在不断提升视听体验,提高客户满意度。基于国内 VR 设备涉及领域的广泛性及国内 VR 相关硬件产品的稳步增长势头,未来数字创意产业在虚拟现实领域具备较好的成长空间。

《国务院关于加快培育和发展战略性新兴产业的决定》(国发〔2010〕32 号)中准确反映了国家"十三五"期间的战略性新兴产业发展规划。为满足新兴产业发展规模、结构和速度的需求,国家制定了《战略性新兴产业分类(2018)》,数字创意产业被列入重点产品和服务目录。在技术设备制造目录中,VR 设备被列为数字创意产业的重要产品。

VR 设备是近年来推广相对较快的数字创意产品,它是我们研究扩散模型的典型范畴。本书以数字创意产品 VR 设备为研究对象,基于 Bass 模型进行产品扩散研究。根据 2014～2018 年我国 VR 设备销量数据,运用非线性最小二乘法对模型进行分析,以此来研究当前我国 VR 设备扩散模式受内外部因素影响的效果,并对 VR 企业提出相关建议,以实现VR 设备的高效率扩散。

一、VR 的相关概念及其发展

(一)VR 的相关概念

VR 是英文 Virtual Reality 的缩写,翻译为中文则是虚拟现实,是在计算机层面上的进一步突破,可以呈现三维的动态视觉效果[5]。美国军方曾将这项技术运用于对飞行员及宇航员的训练中。2016 年,VR 领域不管是软件产品还是硬件设备,都取得了明显的技术进步,从而该年份也被业内专业人士称为 VR 技术的发展元年[6]。

虽然目前还无法对 VR 技术进行准确的定义,但是大致都是从两个角度来对其进行定义的,即狭义的角度、广义的角度。

1. 狭义上的虚拟现实

虚拟现实可被狭义地定义为沉浸式虚拟现实。体验者可以通过 VR 硬件设备投入到虚拟的环境中,如通过 VR 头盔、VR 眼镜、环绕投影及 VR 手柄等设备,在该虚拟环境中,体验者可以通过自身的肢体运动及目光移动来观察该环境中的物体,从而得到身临其境的视觉效果[7]。

2. 广义上的虚拟现实

广义上的虚拟现实主要侧重于现实世界与虚拟世界所建立的一种交互环境,它可以从概念上涵盖沉浸式虚拟现实的意义，但它的重点是人与计算机之间的空间交互作用，从而扩大了其研究和应用范围。

（二）VR 的发展历程

在 20 世纪 30 年代，VR 技术首先应用于军事和医疗领域。直到 1989 年，Sony 和 Nintendo 推出了 VR 游戏，但由于技术层面的因素，导致体验效果不佳，VR 游戏也没有得到广大消费者的青睐。2014 年，在 Facebook 以 20 亿美元收购 Oculus、Google I/O 大会在同一年推出了 VR 眼镜盒子之后，VR 迅速进入广大消费者的生活，2016 年则是 VR 迅速增长的年份。虚拟现实技术的发展过程可以大致分为 5 个阶段。

第一阶段（20 世纪 30～60 年代）：简单模拟声光等基础环境。

第二阶段（20 世纪 60～70 年代）：虚拟现实思想萌芽。

第三阶段（20 世纪 70～90 年代）：虚拟现实的概念、基本特征、相关研究逐步明晰。

第四阶段（20 世纪 90 年代至 2016 年）：虚拟现实软硬件提升。

第五阶段（2016 年至今）：虚拟现实软硬件向轻量化发展。

（三）VR 的市场现状

从全球市场的角度来看，得益于产品的成熟和行业需求的增长，AR / VR 头显设备的出货量在经历了 2018 年的下降之后开始恢复。根据 IDC 的数据，2019 年第一季度全球 AR / VR 头显设备销售量达到 130 万台，同比增长 27.2%，其中 VR 头显设备销售量占总出货量的 96.6%。各大品牌陆续发布了新头显设备。

伴随着头显产品的快速更新换代、虚拟平台的完善及广大消费群体的快速扩散，全球 AR/VR 头显设备销售量高达 760 万余台。伴随着 5G 的迅速发展，我国 2019 年的 AR/VR 头显设备销售量也呈现快速上升趋势。根据 IDC 相关数据显示，2018 年虚拟现实设备在我国的销售量达 120 万台，其中 AR 头显设备销售量为 3.2 万台，VR 头显设备销售量高达 116.8 万台。2019 年第一季度，我国的 AR/VR 头显设备销售量近 27.5 万台，同比增长 15.1%。伴随 5G 时代的到来，预计到 2023 年，我国 AR/VR 头显设备出货量将超过 1000 万台，AR 设备的出货量将超过 800 万台。

政策的大力支持、经济不断投入、产业升级转型需求、消费需求升级及技术不断完善促使虚拟现实产业快速发展。虚拟现实主要出售相关的软硬件设备、相关内容及行业应用服务。根据 Greenlight Insights 相关数据显示，在 2018 年全球虚拟现实的市场规模已达到 700 亿人民币，同比增长 126%。随着虚拟现实软硬件设备技术的不断成熟，预计 2019 年该领域的全球市场规模将达到千亿元，我国市场规模也将超过 500 亿元。

近年来，我国政府大力推动虚拟现实相关产业的发展，陆续出台了相关政策，对虚拟现实技术的开发及相关领域的技术人才、消费市场都予以支持。在 2018 年，工信部出台了《加快推进虚拟现实产业发展的指导意见》，该意见指出要牢牢抓住虚拟现实转型的机遇，大力推动关于虚拟现实相关技术和产品研发的投入，更好地实现虚拟现实应用生态化。2019 年，相关部委也分别发布了促进该领域发展的人才培养和应用层面的政策，如《关于职业院校专业人才培养方案制定与实施工作的指导意见》《关于促进文化和科技深度融合的指导意见》。推动虚拟现实产业的发展，有利于带动新的产业增长点和产业新动能。

在虚拟现实设备消费市场研究领域，大多数学者站在国家政策的角度提出相关扶持建议，以往很少有研究者将虚拟现实设备的扩散与扩散模型联系起来。本书选择 Bass 模型来探索 VR 设备的扩散模式，并预测 VR 消费者和未来的潜在应用趋势，以揭示 VR 设备扩散的规律，为相关企业提供参考。

二、扩散基础模型——Bass 模型

Bass 模型将创新产品的购买人群划分为创新者和跟随者。模型结果显示创新产品在进入市场后会受到外部、内部因素的影响，其外部因素主要指传播路径对消费者的影响，内部因素主要指消费者之间通过口碑影响潜在消费者的行为[8]。根据相关定义，在外部因素作用下采用该创新产品者属于创新者，通过内部因素作用才采用该产品者则称为跟随者。在 Bass 模型中，所有消费者都是基于"首次购买"，不考虑重复购买。基于此，该模型中的销售量就是选择创新产品的消费者数量[9]。

Bass 模型设 m 表示消费者采用产品的最大市场潜量，$N(t)$ 表示到 t 时刻累积采用者的数量，p 表示外部影响系数即创新系数，q 表示内部影响系数即模仿系数，在 t 时刻创新产品的采用人数 $n(t)$ 为

$$n(t) = \frac{\mathrm{d}N(t)}{\mathrm{d}t} = p[m - N(t)] + \frac{q}{m}N(t)[m - N(t)]$$

上述方程中，$p[m - N(t)]$ 表示受外部因素影响而成为采用者的人数，这批采用者由于不受到已采用者的影响而称为创新者。$\frac{q}{m}N(t)[m - N(t)]$ 表示受到内部因素作用才采用该产品者，称为模仿者。

用 $f(t)$ 表示在 t 时刻采用者数量占最大市场潜量 m 的比例：

$$f(t) = \frac{\mathrm{d}\frac{N(t)}{m}}{\mathrm{d}t}$$

用 $F(t)$ 表示到 t 时刻创新产品的采用者的累积比例，即分布函数：

$$F(t) = \frac{N(t)}{m}$$

则有

$$f(t) = \frac{\mathrm{d}F(t)}{\mathrm{d}t}$$

由此方程式可变形为

$$\frac{F(t)}{1 - F(t)} = p + qF(t) \text{ 或 } \frac{\mathrm{d}F(t)}{p + (q - p)F(t) - qF(t)^2} = \mathrm{d}t$$

再用微分方程对其求解，得

$$F(t) = \frac{1 - \mathrm{e}^{-(pq)t}}{1 + \mathrm{e}^{-(p+q)t}}$$

用 $N(t)$ 表示在 t 时刻创新产品累计采用者数量，得到如下公式：

$$N(t) = mF(t) = m\frac{1-e^{-(p+q)t}}{1+\dfrac{q}{p}e^{-(p+8)t}}$$

VR 设备是近几年研发出的创新产品,其具有传统设备无法比拟的优越性。国家相关政策都大力扶持其发展,相关企业也将其作为极力推广的对象,该创新产品符合 Bass 模型的适用条件。由于 VR 设备自身具有娱乐性、科技前沿性等特殊性,利用媒体宣传进行传播,能吸引创新型采用者。通过创新型采用者将体验感进行口碑相传,吸引新的采用者,从而进一步加大对潜在消费者的挖掘。

三、Bass 模型应用分析

(一)数据来源

由于我国 VR 设备起步晚,其发展落后于西方其他国家,VR 设备市场在 2014 年才逐步形成。根据工业和信息化部相关信息及国际数据公司 IDC 各年度中国 VR 市场报告发布的相关数据,得到 2014～2018 年我国 VR 设备销量,见表 7-2。

表 7-2　2014～2018 年我国 VR 设备销量　　　　　　　　　　(单位:万台)

年份	销量	年份	销量
2014 年	3.36	2017 年	102.00
2015 年	12.20	2018 年	116.80
2016 年	125.46		

设 2013 年为 $t=0$ 年,则 2014 年为 $t=1$ 年,2015 年为 $t=2$ 年,2016 年为 $t=3$ 年,2017 年为 $t=4$ 年,2018 年为 $t=5$ 年,对各年 VR 设备销量进行逐年累加计算,可得表 7-3。

表 7-3　2014～2018 年我国 VR 设备累计销量　　　　　　(单位:万台)

年份	t	累计销量	年份	t	累计销量
2014 年	1	3.36	2017 年	4	243.02
2015 年	2	15.56	2018 年	5	359.82
2016 年	3	141.02			

从表 7-2 和表 7-3 中可以看出,虽然我国 VR 设备起步稍晚,但是其销量、累计销量均呈明显的增长趋势。

(二)模型预估

Bass 模型的表达式为

$$N(t) = mF(t) = m\frac{1-e^{-(p+q)t}}{1+\dfrac{q}{p}e^{-(p+q)t}}$$

m、p、q 都是 Bass 模型的重要参数，其中 m 表示最大市场潜量，p 表示创新系数，q 表示模仿系数。

假设我国 VR 设备市场潜量是固定不变的，此时的最大潜量则是根据当前 VR 设备在我国的消费市场趋势所定，仅表示 VR 设备在初期消费市场的最大潜量，其中不包括未来 VR 设备的市场潜量。5G 通信技术将在一定程度上推动 AR / VR 技术的快速发展。5G 带来的高速通信将减轻硬件的计算负担，在很大程度上提高 AR / VR 设备的视觉处理效率和跟踪精度，在未来几年中，随着行业和学术界对相关技术的实际探索及市场对技术的驱动和修正，AR / VR 行业的市场将逐步完善。

根据 IDC 的报告 *Worldwide Quarterly Augmented and Virtual Reality Headset Tracker* 可知，全球头显设备出货量将继续以 46.7% 的复合年增长率增长，并预计在 2023 年将达到 3670 万台。根据 IDC 发布的报告，2017 年全球 AR/VR 头显设备销量达到约 836 万台，其中 VR 设备销量约为 279 万台。2017 年，我国 VR 设备销量为 102 万台，占比为 36.6%。因此，现阶段本书假设在 2023 年时，我国 VR 设备市场潜量 m 为全球年出货量的 2 倍左右，即 7000 万台。为便于表示，令 $a = p + q$，$b = \dfrac{q}{p}$，则

$$N(t) = M\frac{1-\mathrm{e}^{-at}}{1+b\mathrm{e}^{-at}}$$

利用 MATLAB 软件进行分析，建立非线性回归模型，并选用非线性法估计参数，其程序代码如图 7-3 所示。$M = 70000000$，取 $a = b = 1$ 为初值进行迭代，可估计得到 $a = 0.4881$，$b = 186.04$，如图 7-4 所示。

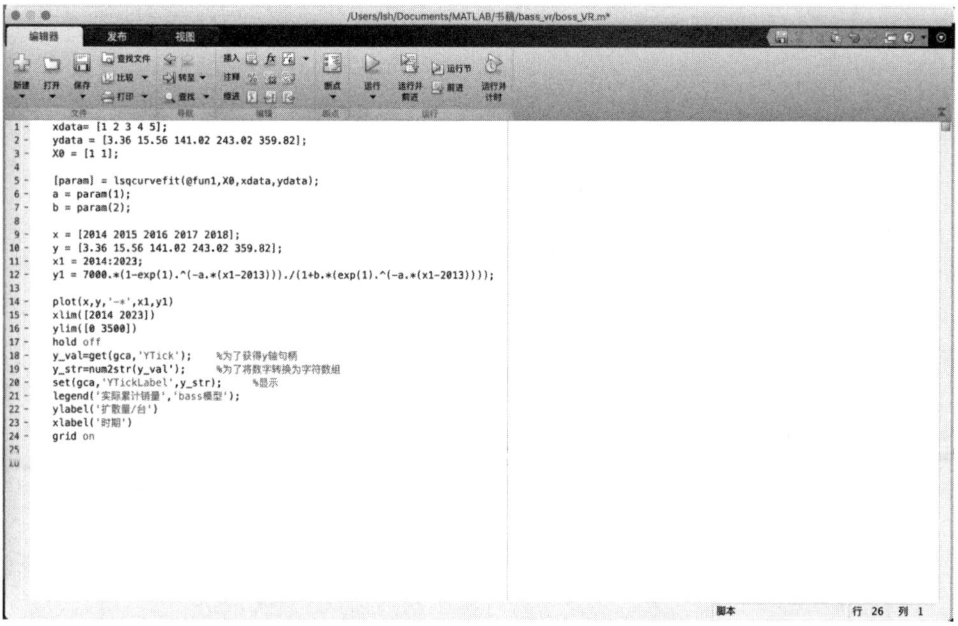

```
1    xdata= [1 2 3 4 5];
2    ydata= [3.36 15.56 141.02 243.02 359.82];
3    X0 = [1 1];
4
5    [param] = lsqcurvefit(@fun1,X0,xdata,ydata);
6    a = param(1);
7    b = param(2);
8
9    x = [2014 2015 2016 2017 2018];
10   y = [3.36 15.56 141.02 243.02 359.82];
11   x1= 2014:2023;
12   y1 = 7000.*(1-exp(1).^(-a.*(x1-2013)))./(1+b.*(exp(1).^(-a.*(x1-2013))));
13
14   plot(x,y,'-*',x1,y1)
15   xlim([2014 2023])
16   ylim([0 3500])
17   hold off
18   y_val=get(gca,'YTick');          %为了获得y轴句柄
19   y_str=num2str(y_val');           %为了将数字转换为字符数组
20   set(gca,'YTickLabel',y_str);     %显示
21   legend('实际累计销量','bass模型');
22   ylabel('扩散量/台')
23   xlabel('时期')
24   grid on
25
```

图 7-3 MATLAB 软件建立非线性回归模型

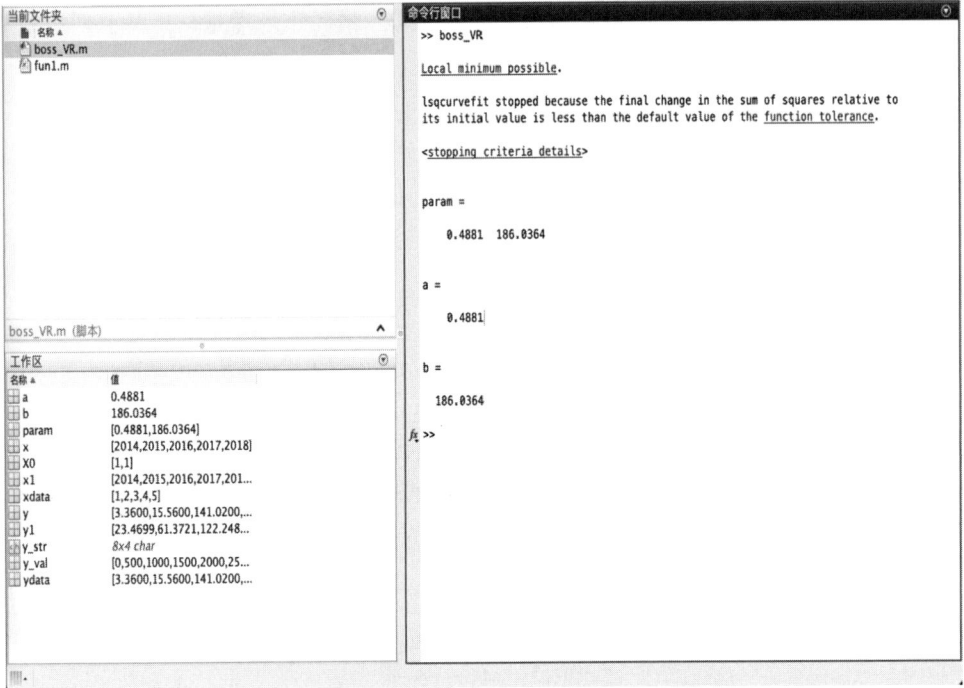

图 7-4　运用 MATLAB 软件求参数 a、参数 b

由于参数估计中 $a = p + q$，$b = \dfrac{q}{p}$，将 $a = 0.4881$、$b = 186.04$ 代入可求得创新系数 p 的估计值为 0.0026，模仿系数 q 的估计值为 0.485。目前，我国 VR 设备市场的 Bass 模型可表示为

$$N(t) = 70000000 \frac{1 - e^{-0.4881t}}{1 + 186.04 e^{-0.4881t}}$$

四、Bass 模型的描述性分析

根据预测结果可知，在 VR 设备扩散过程中，模仿系数 q 值远大于创新系数 p 值，说明消费者在购买 VR 设备时，主要受到内部因素的影响，即口碑等途径传播效果最佳。该扩散结果是符合 VR 设备实际扩散情况的，由于 VR 设备的安全性、经济性、操作性等是不能被消费者直接能认知的，促使消费者购买 VR 设备主要还是依靠已采用者的口碑宣传。还有相关研究表明，当新产品所存在的风险越高时，口碑相传的影响就越重要。将我国 VR 设备市场 Bass 模型的相关参数采用 MATLAB 软件编程可得到 Bass 模型方程预估结果与实际累计销量的对比图（图 7-5）。

将 Bass 模型方程的预测结果与 VR 设备实际销量相对比，预测结果呈现的趋势与实际年份的累计销量趋势是基本一致的，都呈现上升趋势。在智媒时代，VR 设备具有强大优势，它能凭借自身所具有的沉浸式特征，让消费者在 VR 设备提供的虚拟世界中沉浸，同时能在短时间内吸引到广大消费者及潜在消费者，让 VR 设备的体验者感受到极其逼真的多维空间体验，使其感知到切身的乐趣。VR 涉及产品范围广泛，不仅应用于娱乐游戏方面，在旅游及房地产销售等方面也有运用。VR 媒介具有三维立体传感性，利用 VR 三维技术，在旅游领域可以让消费者从多个视角观看景点；在房地产销售领域，以往的房地产展示已无法满足消费者的真实需求，尤其是在市场竞争激烈的情况下，需要房地产企业及时把握市场发展趋势，采用最新的展示商品的技术，如通过 VR 设备能让消费者更直观地看到建筑的外观及样板房的内部空间，给客户带来真实的三维立体现场感，让消费者可以在虚拟现实中行走于不同的户型与房间，并且可以任意切换，甚至可以根据自己的喜好来选择喜欢的装修风格和家具，让消费者感受装修后的场景。伴随着数字创意产业的日益发展，VR 设备也在悄无声息地改变着消费者的信息接触行为。在当今智媒时代下，消费者的信息接触行为也随着媒介的变化而改变。广大消费人群逐渐更加青睐数字创意产品，因为其性能及功能是符合时代发展潮流需求的。VR 技术在不断地完善，其开发成本不断地降低，且为消费者提供的交互服务内容也在持续增加，因此 VR 设备的销量能在短时间内得到较大的提升。VR 设备发展速度极快的另一原因在于国家的政策支持，《国务院关于加快培育和发展战略性新兴产业的决定》（国发〔2010〕32 号）准确地反映了国家"十三五"期间的战略性新兴产业发展规划。对于新兴产业的发展规模、结构和速度的需求，国家制定了《战略性新兴产业分类(2018)》，数字创意产业被列入重点产品和服务目录。在技术设备制造目录中，VR 设备被列为数字创意产业的重要产品。

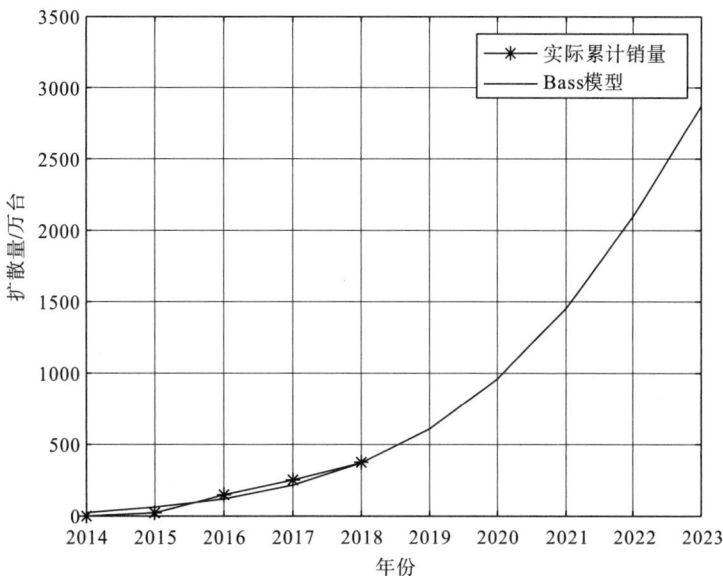

图 7-5　Bass 模型方程损估结果与实际累计销量的对比图

虽然 VR 设备扩散趋势良好，但当前 VR/AR 设备也面临如下问题：消费者处于局部沉浸期，其沉浸效果不佳。若想消费者完全进入沉浸式体验，需在 3 个方面达到标准：佩戴 VR 设备的舒适感、VR 设备显示的清晰度及交互体验感。主要影响因素是显示屏的质量，如分辨率太低会导致屏幕感觉模糊，刷新率不足会导致屏幕抖动，视角不足会降低沉浸感，并使用户感到他们正在通过"窗口"观察场景而不是进入其中，以及存在晕动症（主要是由视觉状态和前庭系统知觉不一致引起的症状）。目前，业界普遍认为，当设备延迟小于 20ms 时，由屏幕滞后引起的晕动症可能会更少。中国信息通信研究院将虚拟现实按沉浸式体验划分为初级沉浸、部分沉浸、深度沉浸及完全沉浸 4 个主要层次。4 个不同的沉浸层次对应着不同的发展阶段，目前我国 VR 设备仅处于部分沉浸层次，其体验效果还较差，且存在网络速率受限、硬件设备不够成熟及内容应用缺乏等问题。这些问题都会在一定程度上影响 VR 设备在我国的扩散速度。

五、研究结论与建议

调查结果显示，在 VR 设备扩散过程中，消费者更容易受到外部模仿因素的影响，即消费者在接受此类产品时更容易受到口碑相传的影响，潜在消费者会根据已采用者的体验感知来模仿其消费行为，从而成为 VR 设备的采用者。对于 VR 设备的生产商，应加强对外部模仿因素影响作用的重视。可加强口碑宣传的力度，同时充分利用各社交网站、网络论坛等媒介对 VR 设备进行宣传。除此之外，还应对 VR 设备进行试用，提取体验者的意见，并形成专业的试用报告，进行全方位的评测，对 VR 设备进行正面的口碑宣传引导。由于 VR 设备近几年才进入我国市场，相关的数据还不够充分。本书对于市场潜量的预估仅基于目前阶段的情形，随着政策支持及企业大力宣传，潜在消费者的数量会进一步增长。另外，不断的政策调整也会影响模型的准确性，甚至会导致模型失真，使模型不能准确地反映 VR 设备的扩散过程。因此，在未来的研究中需要结合政策调整变化，对 VR 设备的扩散过程进行深入的研究。

从长远角度出发，技术创新会带动产业、产品结构的调整，具有技术含量的产品会涌现。例如，VR 设备的诞生是为了满足消费者日益增长的消费需求，正是因为这些需求的存在，才不断地刺激着新产业的扩张，从而拉动产业升级，这表现为消费需求对产业结构的诱导作用。数字创意产业在政府的大力推动下，能够最佳地利用资源保障供给不断地满足消费需求结构的变化，促使产业结构更加合理。同样产业结构决定了消费结构的变动方向。社会环境由制度环境、主观规范和技术能力 3 个方面组成[10]。政策是数字创意产业能健康发展的保障体系，技术创新则为该产业提供技术层面的支撑[11]。国家政策都呈现大力支持数字创意产业的趋势，大众也能感受到社会环境的推动力量，从而做出响应政策的消费行为，尤其当周边体验人数不断增长时，潜在消费者也会逐步被挖掘。当身边亲朋好友在讲述使用某类数字创意产品体验感觉时，潜在消费者通常都会作出积极回应，从而产生对该产品的初步认知。例如，本案例中 VR 设备的扩散，是在制度环境、主观规范和技术能力的影响作用下发生的用户迁移行为，用户在使用过程中体验到 VR 设备的独特功能，从而从对传统产品的需求转移到对高新技术性产品的追求上。因此，数字创意企业一方面要加大对数字创意产品的推广力度，增加用户对数字创意产品的关注，发挥群众的口碑效应，以此来加大对广大消费者的宣传，从而提升社会群众对数字创意产业乃至数字创意产品的重视和认可程度；另一方面，数字创意企业还应重视技术研发工作，不断升级数字创意产品的体验功能，促进信息技术与数字创意产品的深度融合，为用户带来新的高品质体验，从而更好地引导用户迁移行为。

第三节　基于 Norton-Bass 模型的智能电视产品
扩散研究

用户在同类竞争产品之间的迁移通常为用户对以往选择的产品或服务出现不满意,或者用户在了解到其他产品的相对优势后发生的行为。每一代新产品的诞生都是对前代产品的继承和改进,不管是在功能、应用内容、操作上都进行了革新[12]。正是由于产品的更新换代具有延续性、创新性,从而吸引了国内外广大研究者对多代产品的研究[13]。

智能电视属于数字创意产品,它满足本书所研究的更新换代快的产品范畴,因此本节选用智能电视作为 Norton-Bass 模型的研究对象。本节将基于描述数据,使用多代扩散模型提出我国几种电视扩散模型,基于此模型来观察我国电视产业在过去几年中的变化,并预测未来的用户数量。通过针对不同代的电视产品在市场上共存,运用 Norton-Bass 模型,对多代电视产品的市场扩散趋势进行预测分析,从而为决策者提供依据。

一、样本数据整理和说明

为了更深入地研究我国电视的整体扩散情况,除收集相关数据外,还收集了与数据相关的资料,包括消费者、电视生产商及业界专家对智能电视的定义。广大消费者提出智能电视需更大程度地实现人性化功能,做到可以通过声音、手势来控制电视,并且智能电视能实现多功能运行,如下载影视、玩大型游戏等。此外,消费者认为智能电视还需满足与其他智能设备进行互动,如手机、计算机等设备[14]。

专业调研机构对智能电视的理解如下:其应具备完善的硬件设备、开放性的操作平台及开放性的应用程序,可以实现人机互动和多屏互动;智能电视需具备可自行安装应用程序的功能,并且可以通过 4G 融合满足消费者多样化、个性化的需求[15]。目前家电行业对智能电视的概念进行了总结,智能电视应包括以下要素:

一、智能电视需具备应用程序下载商店,用户可根据自身需求自主下载应用程序。

二、新的交互方式。传统电视基本是利用遥控器进行换屏、调音量,智能电视阶段,交互方式应产生相应改变。例如,遥控器除自带的遥控功能外,还应设置语音识别功能。此外,智能电视还可以通过自定义手势来进行遥控。

三、操作界面的更新。传统电视界面基本是互联网电视和互联网的某些应用。现在我们可以看到 3DUI 的界面。

四、拥有强大的电视处理芯片。传统电视所支持的功能较为单一。智能电视除满足多种程序应用外,还要确保其运行速度,由此对智能电视的芯片要求极高,它需要具备更高的性能。

智能电视具有开放的平台并配备有操作系统。用户可以自行安装和卸载第三方服务提供商提供的软件,彩色电视的功能得以连续执行[16]。智能电视是可以通过有线网络和无线网络扩展的彩色电视的总称。它具有高配置和高性能芯片,具有可自定义功能,可以运行或下载大型 3D 体感游戏和各种软件程序[17]。智能电视也在不断地发展。对于智能电视,配备一个完全开放的平台尤为重要，消费者可以通过该平台参与电视功能的开发，从而实现"需求定制"和"彩电娱乐"。

二、Norton-Bass 模型描述性分析

普通液晶电视及智能电视数据选用的品牌是 TCL，数据来源于 TCL 每年的年度报告。选用该电视品牌的缘由如下：TCL 是我国智能电视的著名品牌，作为中国企业国际化的先行者，是国内名列前茅的智能设备制造商，并且企业布局全球，志在成为智能产品制造和互联网服务的全球领先企业。因此，选取 TCL 品牌的智能电视进行分析对国内智能电视产品的扩散研究具有一定的代表性。除此之外，TCL 集团每年都会面向社会公布企业的年度报告，便于销量数据的获取。2007～2018 年普通液晶电视、智能电视销量及其对应的累计销量见表 7-4～表 7-7。

表 7-4　2007～2018 年年度普通液晶电视销量　　　　　　　　　（单位：万台）

年份	销量	年份	销量
2007	125.60	2013	1277.00
2008	418.40	2014	1119.40
2009	837.30	2015	1032.80
2010	746.40	2016	928.75
2011	936.80	2017	864.70
2012	1089.00	2018	742.40

表 7-5　2011～2018 年年度智能电视销量　　　　　　　　　（单位：万台）

年份	销量
2011	149.20
2012	463.70
2013	441.40
2014	538.00
2015	751.50
2016	1121.95
2017	1152.70
2018	2118.20

表 7-6　2007～2018 年普通液晶电视累计销量　　　　　　　　（单位：万台）

年份	销量	年份	销量
2007	125.60	2013	5430.50
2008	544.00	2014	6549.90
2009	1381.30	2015	7582.70
2010	2127.70	2016	8511.45
2011	3064.50	2017	9376.15
2012	4153.50	2018	10118.55

表 7-7　2011～2018 年智能电视累计销量　　　　　　　　（单位：万台）

年份	销量
2011	149.20
2012	612.90
2013	1054.30
2014	1592.30
2015	2343.80
2016	3465.70
2017	4978.45
2018	7096.65

一代普通液晶电视销量、二代智能电视销量在量级上相差不多，因此在这里使用一个纵坐标维度的图表进行观察，各代销量趋势如图 7-6 所示。

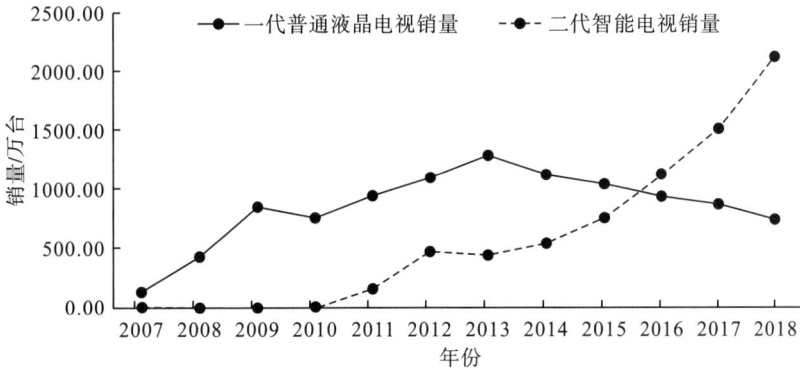

图 7-6　一代普通液晶电视、二代智能电视销量趋势图

从图 7-6 中可以看出，一代普通液晶电视从 2007 年开始进入市场，在 2013 年销量到达峰值，2007～2009 年增长迅速，随着二代智能电视进入市场后，增长速度变缓。一代普通液晶电视从 2013 年开始销量持续下跌，看上去一代普通液晶电视销量呈现的曲线更加平缓，但这也可能是由量级的不同所导致的，这一点可以在模型拟合中进行验证；二代智能电视从 2010 年进入市场，在近几年里，销量逐年持续增长且增长速度相比一代普通液晶电视更快。

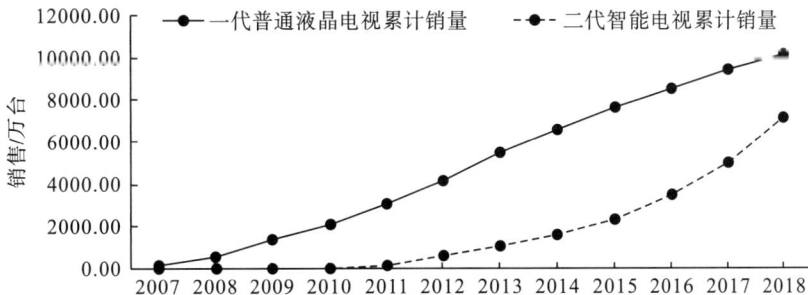

图 7-7　一代普通液晶电视、二代智能电视累计销量趋势图

从图 7-7 中可以直观地看到：①一代普通液晶电视累计销量、二代智能电视累计销量都呈现持续增长的趋势；②从增长速度来看，二代智能电视累计销量的曲线更为陡峭，一代普通液晶电视累计销量的增长更为平缓；③从 2015 年开始，一代普通液晶电视不及二代智能电视累计销量的增速。

将 Norton-Bass 模型用于研究其扩散趋势。该模型主要含有 6 个参数：m_1、p_1、q_1、m_2、p_2、q_2。采用模拟遗传算法来进行参数估计，并运用 1stOpt 软件来估算参数，进行参数计算后得到拟合图。

采用遗传算法估计参数，一开始需要确定交叉、变异概率的参数值，模式选用实数模式，交叉方法选用均匀交叉法(uniform crossover)，选择方法采用轮盘选择法(roulette wheel selection)。另外，对模型参数 m、p、q 要有个初始的合理范围界定。其参数取值见表 7-8；其软件操作过程示意图如图 7-8 所示。

表 7-8　输入的遗传算法的经验参数值

序号	遗传算法参数类型	参数值
1	生成种群数目	20
2	最大遗传代数	1000
3	交叉概率	0.95
4	变异概率	0.08

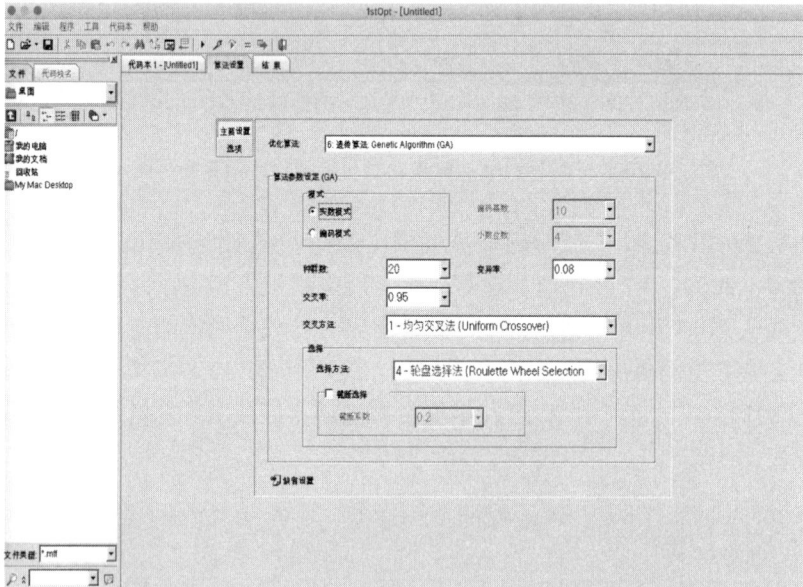

图 7-8　遗传算法估计参数 1stOpt 软件操作过程示意图

结合我国智能电视产业的发展规模趋势，在考虑现有经济状况和我国人口基数的情况下，将最大市场潜力 m_i 的范围界定在 $(0.5 \sim 5) \times 10^8$。根据 Bass 模型的界定，将 p_i、q_i 的合理值界定在 $0 \sim 1$，见表 7-9。

表7-9 模型参数的取值范围

序号	遗传算法参数类型	参数值
1	最大潜力（m_i）	$(0.5\sim5)\times10^8$
2	创新系数（p_i）	$[0,1]$
3	模仿系数（q_i）	$[0,1]$

用遗传算法估算的参数结果见表7-10。智能电视多代产品实际值与计算值的模拟曲线对比图如图7-9所示。智能电视多代产品模型计算值与实际结果值对比见表7-11。

表7-10 模型的计算值

年份	液晶	智能	年份	液晶	智能	年份	液晶	智能	年份	液晶	智能
2007	99.17	0.00	2013	5201.84	733.81	2019	8467.77	9671.42	2025	2125.42	24840.55
2008	280.96	0.00	2014	7023.26	1322.68	2020	7405.44	12462.61	2026	1523.79	26214.03
2009	608.16	0.00	2015	8516.26	2206.91	2021	6202.95	15389.93			
2010	1178.14	0.00	2016	9395.20	3451.07	2022	4989.14	18246.75			
2011	2100.95	138.48	2017	9607.12	5103.29	2023	3867.82	20844.13			
2012	3463.44	363.96	2018	9250.07	7185.65	2024	2904.76	23057.20			

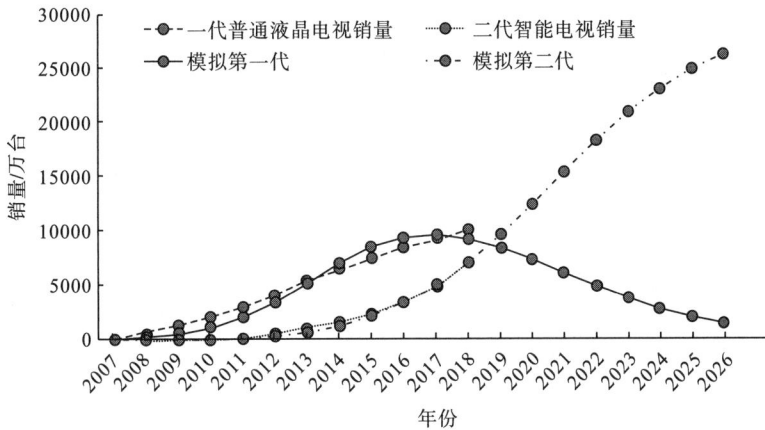

图7-9 智能电视多代产品实际值与计算值的模拟曲线对比图

表7-11 智能电视多代产品模型计算值与实际结果值对比

序号	遗传算法参数类型	参数值
1	最大潜力（m_1）	13058.21
2	创新系数（p_1）	0.0055
3	模仿系数（q_1）	0.6223
4	最大潜力（m_2）	16625.72
5	创新系数（p_2）	0.0061
6	创新系数（q_2）	0.3797

从图 7-9 中可以看出，无论是一代普通液晶电视销量还是二代智能电视销量的变化曲线均与 Norton-Bass 模型模拟预测的变化趋势一致，且模型计算值与该产品的实际采用量相接近。模拟一代普通液晶电视销量的变化曲线呈现在某时刻达到高峰后，伴随着时间推移而逐渐下降。智能电视的出现遵循了高清、网络和智能的趋势，它能够从多个渠道获取节目内容。用户通过易于使用的集成操作界面，进行简单的操作后将节目在大屏幕上清晰显示。总而言之，智能电视属于开放性的交互平台，其应用程序是可以不断更新的。这一现象是符合市场实际调研情况的，随着新一代产品的诞生，原有产品不会立刻淡出市场，而是随着时间推移逐步被代替。模拟二代智能电视销量的变化曲线则不断呈现上升趋势。从而印证了新产品的采用者会不断增长，直到新一代产品出现时，它的变化轨迹也会像上一代产品一样产生变化。

三、研究结论与建议

消费者正逐渐从购买普通液晶电视转向购买智能电视。在此过程中，迁移受许多因素影响。通过模型表明，随着时间的推移，消费者感知到了智能电视的优越性，并选择迁移。由此可以看出，顾客感知对消费者产生迁移具有重要的传递作用。在引起用户迁移的过程中，有的影响因素呈单向趋势发展，因而也是必然的，由此引发的用户迁移具有必然性。例如，科学技术在不断发展，一般情况都是呈单向趋势变化，由此使消费者意向也从低档次消费转移到高档次、高技术含量消费；由于社会经济及消费者收入都是不断提高的，由此引发的用户消费方式也呈现向高收入的生活方式迁移。在影响消费者迁移的过程中，有的因素是消费者作为"社会人"所固有的，是会固然表现出来的，由此导致的消费者购物价值迁移同样具有必然性[18]。用户在消费过程中表现出必然性、稳定性的一面，与此同时也具有偶然性和波动性的一面，而且用户在消费过程中的情景因素也是导致用户迁移的主要原因，因此用户产生迁移不可控且具有可诱导性。用户迁移主要是由消费者的主观因素所决定的，加之其具有可诱导性，因此在销售环节的诱导行为会让用户迁移产生时间、速度和节奏上的变化。以本案例来讲，相对优势是指与普通液晶电视相比，智能电视具有在内容质量和服务质量上的优势，这也是促使用户产生迁移行为的驱动原因。智能电视具备可自行安装多种应用程序的功能，从而能满足消费者的个性化需求。通过传统功能与数字功能之间的相互结合，让科技融合满足用户多方位的需求。产品内容层面的质量及产品附加的服务质量直接关系着用户的满意度及他们对待产品的忠诚度[19]。相关研究表明，用户在体验到其他产品的优越性后，产生迁移行为的概率会增大[20]。由此看来，数字创意企业若想在激烈的竞争中取得胜利，需要不断地对产品内容进行更新，满足客户的差异性需求，提升产品的服务质量，以客户需求为宗旨，增加数字创意产品与用户的互动性，使数字创意产品真正融入大众生活，从而促进数字创意产业的优质发展。

本 章 小 结

　　本章基于Bass模型和Norton-Bass模型对VR设备、智能电视在我国市场的扩散过程进行了实证研究，其结果表明这两个模型适合预测我国智能电视市场的扩散情况。模型预测计算值与实际采用数量基本一致，进而很好地证明了Bass模型、Norton-Bass模型在数字创意产品中应用前景良好。Norton-Bass 模型是解决多代产品扩散并反映产品替代关系的扩散模型，将该模型应用于数字创意产业市场研究具有现实意义。本章案例通过数字创意产品的扩散趋势，更加深入地分析了其趋势背后所存在的用户迁移驱动原因。数字创意产品拥有强大的科技时代性，伴随技术和经济的高速发展，产品的更新换代已成为普遍的经济现象，数字创意产品的扩散趋势、产品换代后会产生怎样的影响、原有产品将经历怎样的扩散轨迹，以及轨迹背后又隐藏着怎样的用户迁移驱动因素，这些都将成为非常具有现实意义的研究内容。

附：程序代码

```
Variable x, y;
SharedModel 2;
//创新系数 pi    模仿系数 qi
Parameter p1=[0, 1], q1=[0, 1], p2=[0, 1], q2=[0, 1];
Parameter M1=[5000, 50000], M2=[5000, 50000];
Function
y= M1*(1-exp(1)^(-(p1+q1)*(x)))/(1+(q1/p1)*exp(1)^(-(p1+q1)*(x)));
y= M1*(1-exp(1)^(-(p1+q1)*(x)))/(1+(q1/p1)*exp(1)^(-(p1+q1)*(x)))
*(1-(1-exp(1)^(-(p2+q2)*(x-4)))/(1+(q2/p2)*exp(1)^(-(p2+q2)*(x-4))));
y= (1-exp(1)^(-(p2+q2)*(x-4)))/(1+(q2/p2)*exp(1)^(-(p2+q2)*(x-4)))
*(M1*(1-exp(1)^(-(p1+q1)*(x)))/(1+(q1/p1)*exp(1)^(-(p1+q1)*(x)))+M2);
Data;
1, 2, 3, 4
125.6, 544, 1381.3, 2127.7
4, 5, 6, 7, 8, 9, 10, 11, 12
3064.5, 4153.5, 5430.5, 6549.9, 7582.7, 8511.45, 9376.15, 10118.55
5, 6, 7, 8, 9, 10, 11, 12
149.2, 612.9, 1054.3, 1592.3, 2343.8, 3465.75, 4978.45, 7096.65
```

操作过程：

第一步

第二步

第三步

第四步

Norton-Bass 模型假设第 i 代产品的平均购买率是一个常数 ρ_i，那么相应的总的市场潜力 $M_i = \rho_i m_i$。在 Norton-Bass 模型中，不同的代之间的创新系数 p 和模仿系数 q 是相同的。式 (4.9) 是三代产品的 Norton-Bass 扩散模型，相应的扩散曲线如图 4.2 所示。

$$S_1(t) = M_1 F_1(t) - M_1 F_1(t) F_2(t - \tau_2)$$

$$S_2(t) = F_2(t - \tau_2)[M_2 + F_1(t)M_1][1 - F_3(t - \tau_3)]$$

$$S_3(t) = F_3(t - \tau_3)[M_3 + F_2(t - \tau_2)][M_2 + F_1(t)M_1] \quad \cdots \cdots \quad (式4.9)$$

其中，τ_i 表示第 i 代产品的进入时间，$S_i(t)$ 表示到 t 时刻第 i 代产品的累积采用量；$F_i(t)$ 表示 t 时的累积密度函数，即累积采用者占最终采用者的比例，形式如下：

$$F_i = F(t - \tau_i) = \frac{1 - e^{-(\rho_i + q_i)(t - \tau_i)}}{1 + (\rho_i / q_i)e^{-(\rho_i + q_i)(t - \tau_i)}} \quad t > \tau_i$$

$$F_i = F(t - \tau_i) = 0 \quad t < \tau_i \quad \cdots \cdots \quad (式4.10)$$

```
9  y= M1*(1-exp(1)^(-(p1+q1)*(x)))/(1+(q1/p1)*exp(1)^(-(p1+q1)*(x)));
11 y= M1*(1-exp(1)^(-(p1+q1)*(x)))/(1+(q1/p1)*exp(1)^(-(p1+q1)*(x)))
12 *(1-(1-exp(1)^(-(p2+q2)*(x-4))/(1+(q2/p2)*exp(1)^(-(p2+q2)*(x-4))));
14 y= (1-exp(1)^(-(p2+q2)*(x-4)))/(1+(q2/p2)*exp(1)^(-(p2+q2)*(x-4))
15 *(M1*(1-exp(1)^(-(p1+q1)*(x)))/(1+(q1/p1)*exp(1)^(-(p1+q1)*(x)))+M2)
```

第五步

表：模型的计算值

年份	2007 年	2008 年	2009 年	2010 年	2011 年	2012 年
液晶	99.17	280.96	608.16	1178.14	2100.95	3463.44
智能	0	0	0	0	138.48	363.96
年份	2013 年	2014 年	2015 年	2016 年	2017 年	2018 年
液晶	5201.84	7023.26	8516.26	9395.2	9607.12	9250.07
智能	733.81	1322.68	2206.91	3451.07	5103.29	7185.65
年份	2019 年	2020 年	2021 年	2022 年	2023 年	2024 年
液晶	8467.77	7405.44	6202.95	4989.14	3867.82	2904.76
智能	9671.42	12462.61	15389.93	18246.75	20844.13	23057.2
年份	2025 年	2026 年				
液晶	2125.42	1523.79				
智能	24840.55	26214.03				

计算出模拟的周期扩散 F 值，画图

参 考 文 献

[1] 张荣, 唐姝. 基于 BASS 模型的中国投影机市场扩散研究[J]. 统计与决策, 2009, (5): 41-43.

[2] Massiani J, Gohs A. The choice of Bass model coefficients to forecast diffusion for innovative products: an empirical investigation for new automotive technologies[J]. Research in Transportation Economics, 2015, 50(1): 17-28.

[3] Argouslidis P C, Baltas G, Mavrommatis A. An empiricalinvestigation into the determinants of decision speed in product elimination decision processes[J]. European management journal, 2015(33): 268-286.

[4] 韩瑞锋. 遗传算法原理与应用实例[M]. 北京: 兵器工业出版社, 2010.

[5]崔蕴鹏. 数字立体影像创作[M]. 北京: 高等教育出版社, 2017

[6]景义新. 屏幕媒介的变迁: 渊源、衍变与未来——移动智媒时代 "从屏幕到界面" 的思考[J]. 当代传播, 2017(06): 26-28.

[7]吴永海. 立体影像在交互式虚拟展示中的运用探索[D]. 北京: 北京印刷学院, 2016

[8]刘靓晨, 陈丽华, 翟昕. 企业考虑以旧换新时的最优产品更新换代策略[J]. 管理学报, 2018, 15(6): 908-917.

[9]Bilginer O, Erhun F. Production and sales planning in capacitated new product introductions[J]. Production and operations management, 2015, 24(1): 42-53.

[10]陶建强. 基于 Multi-Agent 的创新产品市场扩散建模与仿真研究[D]. 天津: 天津理工大学, 2018.

[11]李锋, 谢魏莹. 双寡头竞争环境下更新产品扩散的仿真分析[J]. 工业工程与管理, 2017, 41(1): 12-21.

[12]Li W, Chen J. Backward integration strategy in a retailer Stackelberg supply chain[J]. Omega-international journal of management science, 2018, 75: 118-130

[13]Aydin A, Parker R P. Innovation and technology diffusion in competitive supply chains[J]. European Journal of Operational Research, 2018, 265(3): 1102-1114.

[14]鄢泽然. 大数据时代的数据挖掘技术与应用[J]. 现代营销(经营版), 2019(2): 121-122.

[15]杨继武. 大数据时代背景下数据挖掘技术的应用[J]. 电子技术与软件工程, 2019(2): 163-164.

[16]Tang Z P, Jin Z P. A new approach for improving collaborative filtering recommender systems[R]. Xian: International Conference on Material Science. Energy and Environmental Engineering, 2017.

[17]Kim E, Pyo S, Park E, et al. An automatic recommendation scheme of TV programcontents for (IP) TV personalization[J]. Broadcasting, IEEE Transactions on Broadcasting, 2011, 57(3): 674-684.

[18]Peng X X, Zhao Y X, Zhu Q H. Investigating user switching intention for mobile instant messaging application: taking wechat as an example[J]. Computers in Human Behavior, 2016, 64(4): 206-216

[19]赵宇翔, 刘周颖. IT 采纳和使用中用户迁移行为研究综述[J]. 图书与情报, 2017(5): 86-96.

[20]Chen Y, Seo D B, Desouza K C, et al. Post-adoption switching between technology substitutes: the case of web browsers[C]. International Conference on Information Systems, Icis 2006, Milwaukee, Wisconsin, Usa, December. DBLP, 2006: 116.

第八章　数字创意产业用户迁移
和产品扩散发展趋势及建议

第一节　数字创意产业的用户迁移及产品扩散结论

一、数字创意产业的用户迁移结论

在第四章理论阐述和第六章实证研究的基础上，对所设立的假设进行了验证，形成的研究成果如下。

(1)微信到微博的用户迁移基本上符合数字创意产品用户迁移理论的一般特点，但也具有其独特的特点。造成微信用户向微博迁移主要有三大因素：一是推动因素，由于微信有获取信息渠道狭小、获取热点信息较弱等不足，造成用户不满意度提高而显著影响用户的迁移意愿；二是拉动因素，微博所具有的吸引力、相对有用性、相对易用性及网络性情感表达等优势，对用户有着强大的吸引力；三是锚定因素，锚定因素主要涉及转移成本与迁移意愿的关系和情感承诺与迁移意愿的关系。

(2)根据用户迁移理论，将微信用户向微博迁移的影响因素总结为如下几个方面：一是微信本身的属性(情感性不满意度、信息性不满意度和社会性不满意度)，针对其提出了10个假设，$A11$(真实感想表达意愿)、$A12$(利用微博度过闲暇时间)、$A13$(压力与烦恼在微信上不能真实倾诉)、$A14$(微信可用娱乐消遣少)、$A21$(微信信息来源太少)、$A22$(微信受众面太小)、$A23$(微信中有价值公众号难以体现)、$A31$(微信社交面过窄)、$A32$(微信好友过于繁杂)、$A33$(微信信息引起关注过少)；二是微博本身的属性(相对有用性、相对易用性、网络性情感表达)，针对其提出了9个假设，$B11$(微博实时了解到新信息)、$B12$(微博评论功能产生正向影响)、$B13$(微博转发信息便捷)、$B21$(微博使用便捷性)、$B22$(微博信息分享易被理解)、$B23$(微博分享信息的方式简单)、$B31$(微博具有吸引性)、$B32$(微信使用的愉悦性)、$B33$(微信使用的明智性)；三是锚定因素(转移成本和情感承诺)，针对其提出了6个假设，$C11$(微信社交网络建立的时间成本)、$C12$(微信上使用时间的维持成本)、$C13$(停用微信造成的影响)、$C21$(对微信的情感联系)、$C22$(使用微信的习惯性)、$C23$(微信好友的情感关联性)。

(3)依据用户迁移理论，对微信用户向微博迁移的各级影响因素的权重进行总结。一是微信用户不满意度(推动因素)对微信用户向微博迁移的意愿有较大影响。本书主要用3个二级指标来考量用户对微信不满意度的影响因素，包含情感性不满意度、信息性不满意度和社会性不满意度。通过实证分析可以得到，情感性不满意度在推动因素作用下的3个二级指标下所占的权重最大，为0.62，剩余两个分别为0.28、0.10，且在情感性不满意度的三级指标因素中，利用微博度过闲暇时间所占权重最大，综合权重达到 0.118。二是从三个维度考量微信吸引力的影响因素。相对有用性在拉动因素中的权重为 0.25，相对易用性对微信拉动因素的影响作用不显著，权重仅为 0.06，网络性情感表达对微信用户向微博迁移的拉动因素影响最大，权重为 0.69。三是锚定因素对迁移意愿的影响。转移成本对微信用户向微博迁移的意愿有一定影响，其权重为 0.25，情感承诺对微信用户向微博迁移意愿的影响较大，权重为 0.75。

二、数字创意产业的产品扩散结论

在第四章理论基础和第七章运用相关模型对 VR 设备和智能电视产品进行扩散研究的基础上，其主要研究结论可总结为两点。一是在 Bass 模型的基础上，通过 MATLAB 编程软件，将 VR 设备的真实销量数据(2014～2018 年)和模型预测数据进行曲线拟合，验证了将 Bass 模型运用到该领域的优越性。利用 Bass 模型预测了(2014～2018 年)我国 VR 设备各年的销量，数据显示，未来几年我国 VR 设备的销量将呈稳步增长的趋势，其中 2017 年的累计销售量预测相比实际市场累计销售量较高，表明整个市场的前景较大，但目前 VR 设备也存在一系列问题，如佩戴 VR 设备的舒适感、VR 设备显示的清晰度、交互体验感、显示屏的质量(包括分辨率及刷新率)。除此之外，还对 VR 设备市场发展历程和现状进行了分析，主要分为 5 个阶段：第一阶段(20 世纪 30～60 年代)为简单模拟声光等基础环境；第二阶段(20 世纪 60～70 年代)为虚拟现实思想萌芽；第三阶段(20 世纪 70～90 年代)为虚拟现实的概念、基本特征、相关研究逐步明晰；第四阶段(20 世纪 90 年代至 2016 年)为虚拟现实软硬件提升；第五阶段(2016 年至今)为虚拟现实软硬件向轻量化发展。二是在传统 Bass 模型的基础上，提出了 Norton-Bass 模型，并通过 MATLAB 编程软件，将 2007～2018 年的普通液晶电视销量与 2011～2018 年的智能电视销量分别和 Norton-Bass 模型预测的数据进行曲线拟合。利用该模型预测普通液晶电视销量(2007～2018 年)和智能电视销量(2011～2018 年)，且模型预测值与该产品的实际采用量相接近。模拟一代普通液晶电视销量的变化曲线呈现在某时刻达到高峰后，伴随着时间推移而逐渐下降。这一现象是符合市场实际调研情况的，随着新一代产品的诞生，原有产品不会立刻淡出市场，而是随着时间推移逐步被代替。模拟二代智能电视销量的变化曲线则不断呈现上升趋势。

在研究过程中需进一步完善的内容：第一，VR 设备选取的数据主要来自我国市场的销售量，并不是来自统计年鉴，因此，与真实的数据存在一定的误差，可能会造成最终的预测结果与统计年鉴的数据之间存在一定的偏差；第二，选取的普通液晶电视销量数据和智能电视销量数据主要来源于某一行业产品，而不是数字创意行业内的所有产品，在此种情况下，普通液晶电视和智能电视销售预测有一定的误差，但总的来说，利用 Bass 模型和 Norton-Bass 模型所预测的数据与真实的销量较为接近，在一定程度上能够正确反映 VR 设备、普通液晶电视和智能电视市场的真实性。

第二节　数字创意产业的用户迁移及产品扩散发展趋势

一、关于社交网络用户跨平台迁移现象的衍化趋势

通过前述内容的假设和实证分析，社交网络用户跨平台迁移行为是存在的，通过图表可以清晰看出，社交网络用户跨平台迁移的路径较为明显，在 PPM 理论视角下，梳理了社交网络用户跨平台迁移的影响因素。

目前，在线社交网络现象逐渐向社交网络用户个体迁移，通过分析用户个体迁移行为的存在性和影响因素，最终落实到研究在线社交网络现象的宏观趋势上。随着生产力和国民经济的迅速发展，社交网络也会随之发展，而社交网络的发展导向主要是以用户为核心，并伴随着用户跨平台迁移的现象，它在用户社交网络使用行为中发挥着不可替代的作用，且有普遍性、分散性及周期性等趋势。对社交网络用户跨平台迁移现象的衍化趋势进行进一步分析，便于多方位、多角度、多范围及深层次地对社交网络应用的发展规律与社交网络用户的行为特征进行识别[1]。

（一）个体迁移呈现常态化及迁移现象的规模化

从长远发展的视角出发，社交网络应用在质量、数量及个性差异化方面都会得到相应的提升，为促进社交网络应用的发展，应不断加快产品的更新换代，缩短更新周期，及时推陈出新。对于使用行为，由于社交网络中的用户具有强烈的网络外部性，各个用户之间存在非独立性的理性，因此在社交关系网络中用户之间存在潜移默化的相互影响，并导致个体迁移逐渐向群体迁移，促使个体迁移与迁移现象分别呈现常态化和规模化。

随着社会中各个系统趋于完善，而社交网络平台功能也更加完善，定位上更加精准化，这将使社交网络用户之间的联系程度更加紧密，且用户将踊跃加入对新产品的体验。与此同时，由社交网络"膨胀"而壮大的社交网络产品类型也将会不断地增加，用户迁移群体的规模在很大程度上也会增加、壮大。

从忠诚度与选择的视角看，当常用的社交网络应用软件（QQ、微博、微信）被取代，加之新的社交网络应用产生，用户个人迁移行为的次数会提高，而用户对迁移成本的意识会相应减弱，且对再次使用意愿的认可会持续提升。但应注意在功能定位和类别区分上重复使用意愿有可能有所不同，用户只有明确其功能定位和应用类型，才能更加明确自身所需，从而增加迁移到某个应用上的可能性，促使用户形成长期的使用行为及较高使用的忠诚度。

未来，社交网络用户跨平台的主流将会是以潮流性为特征的规模化迁移。从第六章对微信用户向微博迁移影响因素的研究分析可知，社交网络跨平台的用户将大规模从微信迁移到微博。

对于社交网络用户跨平台迁移的影响因素，在 PPM 理论的视角下，主要有信息需要的满足、情感归属的满足等。其中，弱社交关系的必须性体现为信息需要的满足，而强社交关系的吸引力体现为情感归属的满足。从 PPM 理论的个体维度结论来看，其具备很大

的普遍适应性，如果用户将 PPM 理论中的影响因素作为迁移与否的依据，那么社交网络用户迁移规模化将具有更多的与认知相关的发展趋势和鲜明特点。

（二）新的社交平台吸引迁移，旧的社交平台吸引回潮

用户从微信向微博的社交网络跨平台迁移行为在很大程度上能够反映出社交网络平台发展的创新，为研究其发展的普遍规律、探索社交网络用户的采纳与使用及行为与社会互动方面的特征提供参考。微信吸引迁移回潮的分析表明，社交网络用户跨平台迁移现象将会出现周期性反复、螺旋式上升的趋势。

对于采纳和使用社交网络的用户，不管用户是对社交网络平台的功能性差异感兴趣，还是更倾向于部分或全部满足自己需求的社交网络产品，在某种程度上均会受到情感归属、信息需要等满足程度的影响。

在社交网络平台发展过程中，社交网络平台的功能将不断完善和创新，但也会产生新的问题。就微博而言，一是使用者基本上是青少年，而中老年人用户数量较少；二是用户在微博上所呈现的内容不在限制范围内，而是公开范围。以上两个缺陷，正好是微信的两大优势：使用人群广泛、发送内容的范围较小。

社交网络用户的跨平台迁移存在周期性的迁移趋势，即旧平台在不断完善原有功能的基础上也会促使用户回潮选择，而新平台的新功能也对用户选择产生强有力的吸引力。例如，对于微信向微博的用户迁移现象，体现出了社交模式的新颖创新，微博在某种程度上与微信形成优势互补，并克服创新所带来的问题。在相互竞争的进程中，新的社交平台也会不断出现，而用户需求的重要性也逐渐凸显。

（三）平台创新凸显个性化，用户流量去中心化

一方面，社交网络应用创新在未来的发展进程中，其专业垂直性分类将更加细化、功能定位更加精准，如基于三观指数匹配、专注于交友社交的探探等得到了众多用户的青睐；另一方面，从社交网络用户跨平台迁移行为来看，其可能更加具备分散性的特征，越来越多新出现的平台应用将可能分割大体量的社交网络平台，将用户注意力聚集化的难度增大，呈现分散化的特点，在"使用与满足"理论的基础上，此结果是由用户需求和社交网络软件方共同作用产生的，而社交网络用户跨平台迁移现象可能出现分散性的趋势，以期促使平台创新凸显个性化，用户流量去中心化。

在近年社交网络应用发展的过程中，社交网络用户平台创新更加趋于个性化，其分类也更加细化，并不断对新的细分领域进行挖掘，激发新的需求，产生新的满足形态，且凸显的个性化平台有助于触发社交网络用户跨平台迁移行为。同样，每个用户都会有他们的需求点、满足点及感兴趣点，当满足小众群体用户需求的社交网络平台产生后，随之而来的是不规律分流的发生，而社交网络用户流量去中心化在社交网路平台中发挥着不可替代的作用。

二、关于数字创意产业的产品扩散趋势

产品的扩散随着市场的发展而逐步发展，且各种产品相互之间存在紧密的联系，扩散作用也能互相影响。各种产品之间在扩散的进程中有互补、替代、竞争 3 种关系。鉴于此，

从互补、替代、竞争 3 个视角出发，针对性地分析数字创意产品扩散的趋势[2]。

（一）互补产品的扩散

互补产品的扩散在一定程度上是产品扩散趋势的一个重要方向。产品扩散主要是针对 Bass 模型的假设而提出的，在市场上各种产品之间并非紧密联系，而且也不会受到其他产品的影响。相反，在实际市场中，各种产品相互之间处于紧密联系中，并不能孤立存在，其产品销售量会受到其他产品的影响。

互补类产品的相互影响主要体现在质量和销量两个方面：首先，在质量上，其中一方产品质量的提高，对另一方的销量有着一定的推动作用；其次，在销量上，某一个产品销量上升，会带动其他互补产品价值的上升，从而吸引越来越多的消费者购买，最终销量也会提高。

例如，在游戏市场中，软件与硬件之间是相辅相成的关系，高质量的软件对与其互补的硬件有促进其扩散的作用；又如，在数字影视中，影视的高品质画质与显示终端高分辨率的关系，画质的提升会促进具备高分辨率终端的质量提升，对其产品扩散产生促进作用。

（二）替代、竞争产品的扩散

多代产品相互之间的扩散主要是指替代、竞争产品的扩散，如本书在 Bass 模型的基础上引入 Norton-Bass 模型并利用其对多代产品的扩散进行研究。

替代、竞争产品的扩散主要分为两种类型：一种是新、旧产品之间的扩散；另一种是同类型产品同时上市之间的扩散。新产品的产生必然导致旧产品的消失，这体现出新旧产品之间是替代的关系，新产品的推出都对消费者有着重要的吸引，从而造成潜在的消费者增加，且在新旧产品之间进行选择。新产品诞生后，主要进行积极开拓新市场和抢夺旧产品的市场。

例如，数字创意产品中的智能电视，每一款新上市的智能电视都会因为该产品的升级而吸引众多的原有用户及新用户，用户可以在新旧产品中进行选择，原有用户的持续购买与新用户的潜在购买既巩固了原有市场也拓展了新市场。上面所提到的是替代关系的产品扩展趋势，而上市时间基本一致的同类型产品之间则是竞争关系，属于同功能、同上市时间的不同产品之间的竞争。在这类产品的扩散趋势中，不仅要考虑产品内部的新旧多代产品之间的替换扩散趋势，还应考虑互补效应对产品扩散趋势的影响及此产品与其他产品之间的竞争。

无论是互补产品扩散趋势，还是竞争、替代产品扩散趋势，总体而言，产品价格、市场策略都会对产品扩散趋势造成一定的影响。在产品扩散过程中，产品的潜在市场需求量与产品价格密切相关，随产品价格的波动而波动，价格下降能够提高人们的相对购买力，从而加速产品扩散，反之，价格提高则会降低人们的相对购买力，导致产品扩散速度减慢。同时，市场策略也影响着产品扩散，在针对产品市场制定一系列策略时，应将新产品与原有产品进行对比分析，并考虑相互之间的影响，如原有消费者对先前产品的质量、售后服务及销售情况的口碑评价等因素。同时，新产品进入市场不可避免地与原有产品之间进行竞争，抢夺原有产品的市场，进而对产品的整体扩散趋势产生影响。

第三节 数字创意产业的用户迁移及产品扩散建议

一、关于数字创意产业的用户迁移建议

有效识别影响用户满意度的关键因素，了解并掌握用户切实需求是社交媒体产品运营商的主要焦点问题。在了解用户需求的基础上，才能有针对性地提升产品质量并提高用户的满意度，进而促使用户迁移意愿减弱，以达到保留原有的用户，稳固原来市场的基本目的[3]。微博作为一款开放性、互动性较强的社交媒体类创意产品，其特征主要包含 3 个方面：信息性、社会性、情感性。鉴于此，对微博产品运营团队来说，建议从以上 3 个角度对微博功能进行完善和创新，同时切实考察微博存在的缺陷并进行优化，以此提高用户对微博产品使用的满意度，拓展微博用户市场。在本书研究中，微博的情感性功能指用户可以通过注册微博账号，在微博平台上表达自己的情绪，进行情感发泄，通过浏览他人微博寻求情感共鸣，或者观看微博平台上的段子放松心情。微博的信息性指微博作为开放式社交软件，用户可以在微博平台发布信息，通过浏览、转发功能使这些信息被更多用户知晓，微博可以作为获取知识或信息的工具；微博的社会性指用户不仅可以在微博平台上关注现实生活中朋友，加强社交联系，还可以认识网络上的新朋友，作为认识新朋友和联系老朋友的纽带，因此，可以在微博平台上适当推荐每日趣味性话题或互动小游戏，不仅能更好地增强微博的互动性，达到放松休闲的目的，同时也使得微博更加满足了用户社会性方面的需求，从而吸引更多的微博新用户；完善兴趣推送功能，增设信息筛选功能，减少用户获取所需信息的时间，并向用户推送更加准确的信息，以期节约用户在大范围信息里面寻找所需信息的成本，从而提升用户获取信息的效率[4]。

从新上市的社交媒体的视角出发，其首要任务便是采取合适的营销策略，从而获得第一批活跃用户。在市场上，相比完全不使用该类产品的用户，首批潜在活跃用户的产生大多来源于已有的同类竞争性产品。这需要新产品运营商找到新产品与市场上已有产品的差异点，将该差异点作为市场营销的突破点与重点进行宣传，从而达到吸引用户的目的。例如，微信和微博产品最大的差异点便是极强的熟人社交性、联系便捷性，在与亲朋好友保持紧密联系方面占有绝对优势，是微信成为吸引新用户营销中的突破点。

影响用户迁移的锚定因素主要有转移成本和情感承诺。用户对原有产品的转移成本和情感承诺会显著负向影响用户的迁移意愿。有效降低用户的转移成本是产品运营商在吸引用户时需要考虑的重要问题。首先，产品运营商应增强产品的可操作性，减少用户学习新产品所需的时间，使产品易操作上手，提升用户对其学习兴趣点。同样，若产品运营商想要通过推广活动来进行促销，就应考虑其为用户带来的实际利益。使用户在转移中受利从而降低用户的转移成本。其次，需要尽可能地了解用户需求，以维护好吸引到的第一批活跃用户，在满足用户需求，使其达到良好体验感的基础上减弱用户对原先使用的产品的情感依赖，形成新的情感承诺，并通过提高产品的售后服务以达到形成良好口碑的目的，给用户带来一定的便利，也更加有利于新产品的宣传。最后，运营商也可利用转移成本和情感承诺这两大锚定因素实现对老用户的保留，形成产品的忠实客户。例如，实施会员制和

积分等级制,对不同等级积分提供相应的便利和优惠,以吸引更多的新用户参与进来,同时,给予会员制用户相应特权,以期降低原有用户的迁移意愿。

二、关于数字创意产业的产品扩散建议

通过前面章节对 VR 设备、普通液晶电视、智能电视等数字创意产业的预测及分析可知,数字创意产业在未来市场的发展前景较为乐观。但也面临着因其他行业有着强劲的竞争力,使得数字创意产业明显存在影响创意产品扩散的因素,主要体现为对产品定位不准确、产品功能较为单一、企业不完善的营销策略体系使得产品不能快速扩散。针对以上原因,从企业、消费者及政府 3 个层面出发提出相关建议。

(一)从企业层面

1. 定位策略的应用

通过前面章节的分析与预测可以看出,数字创意产业在市场上的种类较多,以智能电视为例,包含智能电视一代、智能电视二代等多个版本,在不同的版本中又拥有多种品牌。由于不同的版本中,其所提供的功能大同小异,从某种程度上看,缺乏新颖创意,产品之间的差异化不是特别明显。鉴于此,企业要想在激烈的竞争市场中取得胜利,进行差异化定位显得尤为重要。

1)选择目标消费者群体

企业应选取智能电视的目标消费者群体,挖掘目标消费者群体的方式有两种:一是进行市场调研后分析消费者对智能电视的需求;二是分析竞争者拥有哪些消费者群体。这两种寻找目标消费者群体的方式,首先要清晰划分智能电视的目标消费者范围,其次是让企业对使用智能电视的目标消费者群体进行分类,并筛选出与竞争者有区别的目标消费者群体。在以上分析的基础上进行市场调查,能够快速了解目标消费者对智能电视产品的需求。例如,百事可乐能够将目标消费者定位在青年一代,可口可乐将目标消费者定位在中年群体,并将其作为扩散的主要对象。

2)保证目标消费者的利益点

要在一定程度上使得目标消费者拥有良好体验的利益点,保证此利益点主要是满足目标消费者的需求,且与竞争者有着明显的区别。若利益点能够满足以上标准,则企业可以将智能电视的利益界定点考虑为这一利益点。例如,大众甲壳虫汽车,企业将其清楚地定位为“小”,一方面满足了小众目标消费者出行的需求,另一方面在体型外观上与竞争者有着明显的差异。

3)采取营销组合策略

将智能电视的利益点界定后,企业可以进行不同的营销组合,其主要根据智能电视的目标消费者群体和目标消费者利益点,这样才能够保证组合中的各个要素围绕智能电视的定位点。例如,企业可以利用降低智能电视价格与竞争者进行竞争,以期保证利益和让目标消费者受益。

2. 意见领袖策略的应用

意见领袖是指在整个社会上拥有强大说服力, 自己的行为在很大程度上将会对部分人产生较大影响, 并促使社会舆论趋于一致的人群。意见领袖对人群的影响作用力体现在各个方面, 不同的环境将会产生不同的影响力, 且组合生效方式呈现差异化的特点[5]。意见领袖在产品扩散过程中将产生以下 3 个方面的作用。

1) 广告宣传效应有助于商品知名度的提升

在产品营销阶段, 广告宣传常常是企业营销手段中最为常用的, 企业通过广告加大对产品的宣传力度, 将产品更多的信息传递给消费者, 但在实际生活中, 消费者通常难以接触社交广告媒体。由此意见领袖的影响作用力就更加重要, 因为意见领袖接触社交媒体的时间较为频繁, 愿意花大量时间了解各种各样的产品, 一旦认可产品, 就会通过不同途径将产品信息传递给其他消费者。同样, 当部分消费者也认可此产品, 会将该产品的信息进一步分享给自己圈内的消费者, 并加以交流和传播, 这种宣传意义更加深远、持久。因此, 企业利用广告对产品进行宣传, 此种营销手段相比其他形式的宣传效果而言无疑是最好的。

2) 帮助企业树立良好的口碑和寻找潜在消费者

意见领袖通常会成为新产品的第一批消费者, 如果意见领袖对新产品的体验给予良好评价, 则会毫不保留地向周围其他消费者推荐此产品, 相反, 则会拒绝推荐。可见意见领袖自身体验的可信度对产品的重要性, 它是其他途径所不能达到的, 因此, 企业要想产品得到广大消费者的喜爱, 就必须满足意见领袖的良好体验。

3) 培养消费者的品牌忠诚度

意见领袖一旦对企业推荐的产品给予高度评价, 就会向其他消费者进行推荐。意见领袖推荐新产品是建立在相互平等交流的基础上, 且能够通过自身的体验针对性地回答消费者所提出的一系列问题, 从某种程度上看, 这种平等的交流可以打消消费者对产品的顾虑。

3. 口碑营销策略的应用

口碑营销是指产品没有经过企业或者任何中间商的商业化处理和加工, 保留其原有的功能与质量, 且不断通过消费者的口头传播。从另一视角出发, 口碑营销又被称为病毒式营销, 主要指的是消费者通过口碑相传以了解产品的相关信息, 这不但可以降低企业宣传成本, 而且能使产品达到扩散的目的。

1) 提升产品质量

以智能电视为例, 智能电视质量的提升将会是企业获得成功口碑营销最为重要的因素, 智能电视产品的功能和质量越好, 在一定程度上将给消费者带来更深层次的满意度和更好的产品体验。第一, 在产品还未进入市场前, 企业也做好对自身产品优势和劣势的调查, 以便采取有力措施保证自身的优势, 将劣势降到最低程度, 并充分利用智能电视的创新和特色之处使其进行市场扩散。第二, 对于市场上同质化产品严重泛滥的现象, 企业要采取措施对产品功能进行调整, 否则相同功能将会出现, 对企业非常不利, 因此, 企业应采取措施使智能电视功能简单化, 更便于消费者操作, 这有助于消费者体验得到更好的满足。

2) 精细化的信息推广

目前，社群传播适用于各个年龄段的消费者，是进行口碑营销的重要方式之一。以智能电视为例，企业的相关部门可以通过建立微信群、微博话题、QQ 群等常用社群，了解消费者对产品的反馈。除此之外，还可以不定时地在社群里举行趣味活动，如有奖竞答等，这在很大程度上对提升产品的品牌和知名度有重要的作用。企业应及时关注当下最为热门的话题，以便采取措施对产品进行包装策划，此举有利于帮助企业吸引更多的消费者，进而获得良好的口碑。

3) 对提供信息的传递者进行奖励

企业要想使产品得到大范围的传播，就必须采取相应的措施对传播者进行奖励，奖励方式有很多种，但最为有效的方式为物质层面的奖励和精神层面的奖励。首先，企业要积极了解传播者的情感需求，以便根据他们的情感需求对智能电视的功能进行优化和改进，以达到口碑传播者满意的目的；其次，要调动传播者对产品发布营销口碑的积极性，企业可以考虑给予一定的物质奖励，并根据不同年龄段的传播者赠送相关礼物；最后，企业应满足传播者在精神和物质上的需求，以期实现产品口碑营销的成功。

4) 应对产品口碑进行及时维护

一旦产品口碑营销获得成功后，企业还需对产品来之不易的口碑进行维护。首先，企业的相关部门应积极主动地利用各种社交渠道与消费者进行最为直接的沟通和交流，及时为消费者介绍此产品的相关功能，针对不同消费者对产品所提出的疑问，应组织专业技术人员为其解答。企业要想在市场竞争中处于优势状态，就必须掌握消费者的下一步举措，此时，企业相关部门应及时关注舆论倾向，以便对将要出现的热门话题进行预测。更为重要的是，企业在产品营销成功后，还应提高对产品的售后服务质量，增强员工的服务意识，以便为消费者提供一个良好的交流环境，这有助于对消费者沟通习惯的培养，更有利于产品口碑营销的实现。

4. 互联网营销策略的应用

互联网营销有助于降低企业的成本，其主要是利用网络媒体对消费者进行营销。由于网络具有跨空间、跨时间等特征，消费者可以不用受地点、时间等的限制，进而实现相互之间的信息交流。除此之外，互联网营销还具有便捷性、快速性、多样性等优势，因此，可以借助互联网营销方式来达到消费者不同的个性需求。

1) 网络视频营销

网络视频营销也是企业常用的一种营销手段，企业可以将智能电视产品以视频的形式进行推广，以便消费者快速地学会使用。同时，还可以附上企业的文化、企业产品的前景等视频，并将这些视频上传到互联网，方便消费者对企业及产品进行了解，对产品的宣传也极为有利。传播速度快、自动性强等是网络视频营销的优势，在很大程度上还能够降低企业的成本，同时，企业还能有效监测到网络视频的营销。

2) 网络图片营销

网络图片营销也是企业常用的营销手段之一，企业可以根据产品的功能和特征设计出有创意、生动有趣的图片，并利用 QQ、微信、微博等社群工具，将产品图片进行传播，以达到宣传智能电视功能、质量等的目的。当前，图文并茂是营销最好的一种方式，更容易让消费者接受。

3) 网络软文营销

企业常常利用门户网站或行业网站等平台对产品进行宣传，其平台大多数会传播一系列新闻性、宣传性的文章，有着深度报道、案例分析等优势，以便企业将智能电视的相关信息以新闻的方式进行推广，从而有利于及时向消费者传播产品的信息。

(二) 从消费者层面

消费者作为产品的评论者和接受者，对产品能否扩散起着至关重要的作用。

第一，在产品进入市场扩散的前期，从某种程度上讲，消费者属于产品扩散的接受者，因对产品的功能和质量不了解，消费者会选择自己的方式对产品进行了解，包括询问相关专业技术人员、在网上阅读产品的评论等为自己寻找有用的信息，这些方式都会对消费者购买行为产生影响，并增加消费者对产品的购买意愿。当消费者选择阅读网上关于产品的评论的方式来了解产品时，消费者应抓住关键的评论内容进行浏览，对于一些次要信息应将其忽略，从而为自己节约时间，然后选择产品，最后将产品扩散下去。

第二，在产品进入市场扩散中期阶段后，消费者作为产品扩散的传播者，应将其进行扩散。例如，若消费者选择在网上对该产品进行评论，则应秉承公平、公正的态度对产品的功能进行评论，以便其他消费者进行浏览，从而将产品进行扩散。

(三) 从政府层面

对于政府而言，产品扩散对经济增长和产业结构升级发挥着重要的作用。政府应积极主动地引导和开发市场对于产品扩散的需求，并努力优化产品需求结构，使其得到更大的扩散，从而促进数字创意产品的进一步发展。第一，在需求规模上政府可以将某种数字创意产品列为政府采购的范围，用政府消费来促使产品进行扩散。第二，在需求结构上政府工作的核心仍然是立足自身的特点，努力做好市场定位，便于产品进行扩散。

为了更好地促进产品扩散，政府应积极发挥其在产品扩散进程中的重要作用，具体有以下两点。

首先，政府应制定规划，明确产品扩散的方向。我国的市场调节机制还不是很完善，且企业创新能力还有待提升，因此，政府做好对产品扩散发展的引导和扶持是必不可少的，政府要充分发挥自身职能的作用，引领产品扩散的突破点，促使其向高、精、尖方向发展。

其次，政府应完善相关政策，引导产品扩散发展。目前，政府对企业产品扩散的更新换代政策较少，政府应努力完善相关有利于产品扩散发展的政策体系，并根据实际情况，一系列专项政策应以法律法规的形式将其落实，且建立健全的财政、税收等产业政策的保障体系，以便保证产品扩散能更好地推行。

参 考 文 献

[1]申利净. 传播学视阈下在线社交网络用户跨平台迁移行为研究[D]. 锦州: 渤海大学, 2017.

[2]张珊珊. 仿冒影响下汽车厂商生产策略和产品扩散规律研究[D]. 合肥: 中国科学技术大学, 2010.

[3]李子坤. 微博用户向微信迁移的影响因素研究[D]. 北京: 北京邮电大学, 2016.

[4]彭珍. 我国公共图书馆智慧服务研究[D]. 湘潭: 湘潭大学, 2019.

[5]秦世峰. 基于 Bass 改进模型的智能可穿戴设备扩散研究[D]. 北京: 北京邮电大学, 2018.